ちくま新書

介助の仕事
——街で暮らす／を支える

立岩真也
Tateiwa Shinya

1558

介助の仕事——街で暮らす／を支える【目次】

◎本文イラストレーション……宇田川一美

序

この年に

この年に、つまり新型コロナウィルスのことで人と人が懸命に距離を取ろうとしているこの年に、介助（介護）という、人の近くで人に対する仕事をすること、その仕事をしてもらって暮らすことについての本を出すことについて、最初に述べておきます。

身体がなくならない限り、その仕事はなくなることはありません。私は、その仕事のうち人間がする割合は、減らせるものなら減らしてよいと思っています。その仕事をするのが人間である必要は必ずしもなく、機械ができるのであれば機械でよいということです。

ただ、人間から機械への移行は、ふだんはあまり慌てないほうがよいです。というのは一つ、まだ多くの場合に機械は仕事が下手だからです。それで、不都合が生じたり、不快なこと、ときに危険なことがあります。そして、その機械・技術の導入は、多く、本人の手間を省こうというよりは、周囲の人たちが手間を省きたいという思惑のもとにあることが多いです。省きたいという思い自体は当然のものですが、周囲の人たちの意向が通りやすい場合には、本人の不快や不都合を無視したり軽視したりして、周囲にとって（だけ）

便利なものを使ってしまうことになりがちです。そして、かかる人の手を減らすことは、「高齢（化）社会」の現在・未来にとってなにか明るいことだと思われるので、そういうものには、研究費であるとか、お金が出ます。そしてそのお金を得たい側は、開発するものの効能を宣伝するので、その宣伝は大風呂敷なものになりがちです。そして、結局できたものが期待を下回る、しかしできてしまったので使ってしまうということもあります。だから、機械による代替は慎重にしたほうがよいという考えはもっともです。このたびのような緊急の場合はともかく、機械が下手なうちは、技術が未熟なうちは、まずは従来の人によるやり方を基本にするということになります。

もう一つは、人手が少なくてすむようになるという期待とは裏腹の、仕事が奪われることに対する懸念です。つまり機械の導入によって人の仕事がなくなり、人が余ってしまい、余った人が暮らしていけないというわけです。実は、仕事は機械にさせても、そのぶん仕事が減った人は、仕事を得ていた時に得ていた収入を得られるようにすればよく、それは誰も損することなく可能なので、そうすれば問題は生じません。ですが私たちの社会は今のところそのように合理的にはできていません。だから以前から、自分たちの仕事を奪う機械を壊してしまおうというラッダイト運動のようなことも起こってきました。そしてそ

立岩真也『ＡＬＳ』（医学書院、2004）

れは、もう終わってしまったことではありません。ですから、やはり、合理的な社会になるまでの間は、人間から機械への移行はゆっくりにしたほうがよいということになります。

そしてもう一つ、介助を得る側の人が、介助という人間関係、介助によって得られる人間関係を失うのをよくないと思うことがあります。それに対して、人同士の親しい関係といったものは介助といったものとは別に得ればよいというのが、一つの筋の通った主張ではあります。ただ、そう簡単に得られるものかと反問されそうにも思えます。このことについては第8章で考えようと思います（２００頁）。

こうして、慎重に、ゆっくり、考えたり試したりしながら、機械、人間以外のものを使っていくことになります。ただこのような状況下では、その条件を少し緩め、導入の速度を早めることは認められるだろうと思います。このたびの医療の現場では人工呼吸器が必要とされています。ずっと以前『ＡＬＳ――不動の身体と息する機械』（医学書院、２００４）を書いた時に読んだ本に、１９５２年のコペンハーゲンでのポリオの流行の時、その町の医学生総動員でバッグを手で押して呼吸を助け、死亡率を80％から25％に下げた話が出てきて、引用しました。それをきっかけに人工呼吸器が普及したのだそうです(『ALS』187頁)。これは、明らかに人間より機械のほうがよい場合でしょう。ただ、別の見方をすれば、人間の手でさえずいぶんなことができたのだな、とも思えるできごとです。

冷静に数えあげる

こうして、今回、必要とされているのは、人と機械、やがて出てくる薬、感染を防ぎながら人がいられる場所、といったところですが、災厄の時、何が足りなくなって何が必要になるかは、その時々に異なりもします。1995年に阪神淡路大震災が起こりました。その時に一つ知ったのは、本書で書く介助に関わる制度や組織を作ってきた人たちの動きがそこにあり、そしてそれとも関わりながら、なんのためというわけでもない人々のつながり、人々がたむろってきた場所が、安否確認から始まり生活の再建のための動きにつながっていったことでした。そしてそれをきっかけに、「ゆめ風基金」といった、国外での地震の時なども含め、災害時に対応し、お金を送りそして時には人を送る仕組みが立ち上げられたりもしました。

そして２０１１年の東日本大震災の時、地震があったその翌日、１９７０年代に一緒に運動してきた人たちが東北に向かいました。たとえば、介助者を伴った脳性まひの人たちが何人か何度か福島に行き、関西的な乗りで対応の遅い役所に食ってかかったりしました。そんな人たちと福島で長く活動してきた人たちがしばらく一緒に働きました。それで結局いったいどれほどのことができたかということはあります。ありますが、それでも、なかったよりよいことがなされた、と思います。

そして、どれくらいの人が知っているか、さらに覚えているか、実はその時にも人工呼吸器のことが問題になりました。東北だけでなく関東でも揺れはあり、停電がありました。その時には、いつも使っている人工呼吸器の電源が止まったらどうしようということになりました。家庭用の発電機を室内で使うと空気がわるくなるから屋外に置いたほうがよいとか、細かいといえば細かいことが大切でした。そんな状況を報告しあい、小技を共有するために、集会を行なったり、冊子を作ったりしました。２０１９年に出版した『往き還り繋ぐ――障害者運動於&発福島の50年』（青木千帆子他、生活書院）で、「後ろに付いて拾っていくこと＋すこし――震災と障害者病者関連・中間報告」という２０１２年に書いた文章を再録し、すこし加えて「遠くから」という章にしました。そこにその時のことを書きました。

今回起こっているのは、感染のおそれと感染であり、事情はだいぶ違ってはいます。遠くから近くにやってきて自分ができることをする、というのとは逆の、距離を取らねばならないという斥力のようなものが働いていて、とくに心の熱い人には辛いことでしょう。

それでも、その時々に何が足りないのか、足りなくなる可能性があるのか、数え上げて対処していけばよいし、そうするしかありません。「医療崩壊」といったざっくりした言葉は、ときにそういう冷静さを奪ってしまうように思います。

青木千帆子他『往き還り繋ぐ』
(生活書院、2019)

今回は「もの」としては、呼吸器や医療設備が足りないという話になっています。しかし、鉄やアルミニウムといった原料がないわけではなく、そして製品はこの世に存在するのですから、それを作る技術もあるということです。とすると何が起こっているのか。早くできる対応が遅くなっているのは事実ですが、それをいくらかでも急いでましな状態にするためにどうするかということです。すると、どうにもならない困難があるわけでないことがわかります。

人がする仕事は残る、そのうえで

さて、いずれにせよ人がする仕事は残ります。人から遠ざかる、距離を保つことが基本的に正しいとして、どうしたって人に接する仕事は残り、その仕事をする人は必要です。マスクをするぐらいではすまないその人たちの装備は、そんなによくできたものではなく、ごわごわしたりしていて双方が気持ちわるそうですが、しばらくは仕方がない。そして仮にその必要がずっと続くのであれば、きっともっと質のよい気持ちよく使える道具が開発されるでしょう。しばらくはできるだけの身支度をして、対応するしかない。感染をできるだけ防ぎながら、その仕事はしてもらう、続けてもらうことになります。

この仕事は人と人の距離の近い仕事ですが、しかし本書でこれから見ていく介助の仕事については、1人が1人の人の家に行く、行動に付き添うのが基本ですから、施設に多くの人がいて、そこに出勤してくる多くの人が関わるというのとは違います。どんなところでも、注意してても、感染がまったく生じないということはないでしょうが、他に比べての可能性は実はそう高くないのです。そして、感染した人とこの人は接触していないということが確実にわかることはあります。利用者の住むところとの往復が主なら、よしあしは別に――交流がなさすぎることで働き手たちが主張を弱める方向に働くことがあります――働き手相互の接触はほぼなかったり、管理部門との接触ももともと多くなく、さらに最低限にすることができます。ですから、一つ感染が起こっても、職場全体を閉じてしまうことはないのです。必要としている利用者がいる時に、休業を命ずる、勧めるといったことがあってはならないのです。

そして、その人たちとその家族他を差別・排除しないことです。当たり前だと思われるかもしれませんが、そうでもありません。差別には、まったく「ゆえない」というしかない場合もたくさんあります。しかし、そんな場合ばかりではありません。このたびの状況でいえば、ある人たちについて感染の可能性がいくらか高いことが、いくらかはあります。それはたんに排外・敵意を取りつくろう屁理屈であるとしか思えない場合もありますが、そうでもない場合もあります。「ほんとのところ」はよくわかりません。ただ、悪気があるわけではないと言い、実際そう思っている人たちはいます。そして、感染があった病院の職員をタクシーに乗せなかったり、職員の子どもが学童保育に来るのを拒否したりするのです。

考えていくと面倒なことはいろいろありますが、基本は、生きていくために必要なことをしている人が、さらに感染を防ぐためにできるだけのことをしているのなら、その人たちやその関係者を差別し排除してはならないということです。

そんな当たり前のことを今さら、とみなが思っているのなら、言う必要はないです。しかし、この世には、問題を起こす可能性が高い、ということでアパートへの入居を断られる高齢者がたくさんいます。障害者の作業所を作ることに反対する運動が起こって、しかもその主張がまかり通ったりします。そんな対応・主張をしてはならないのだと言うと、危険の可能性が十分に高かったらどうなのだと返される。となると、「だめ」と言い切れるかとなります。

しかし、ここで引き下がってはおしまいなのです。必要であり仕方がないこと、そして、今回のことなら感染リスク軽減のためのことはしている場合には、確率が相対的に高いからといって、その人たちを排除するのは「基本だめ」ということです。本人たちがすべきことをしており、確率が高いことについて自分（たち）に非はない場合、確率による差別はだめということです。たとえば、ある「人種」の人たちの犯罪率が高いとしましょう。

だとして、それを理由にたとえば居住を禁ずるといったことはすべきでない。罰を与えるなど人に害を与えることは、起こったことに対してなされるべきだという基本を守るべし、ということです。しかも今回の場合は、人を救う仕事、人の生命・生活を維持するための仕事をその人たちはしています。その「だめ」は、たんに道徳的によくないということではなく、社会の決まりとして「だめ」とする。そうすることによって、その人たちが働けるようにするということです。

基本を動かさない

もう一つ。これまでも全般的に「ケア」の仕事は人手不足でした。とくにこのごろは医療というより福祉、介助（介護）のほうで人が足りません。そしてそれは少子高齢化と結びつけられたりするのですが、そんなにたいそうな話ではなく、人手不足は対価が低いからであって、報酬をいくらか高くすればよいだけのことです（第1章・31頁）。

ただ今回に限れば、まず心配されているのは医療の方面で、実際問題が起こっています。それで、医療の対象にする人としない人の順番を決めようという「トリアージ」の話に滑っていってしまう。話を分けましょう。一つは、仮に順番を決めるしかないとして、その基準・根拠をどう考えたらよいかです。一つは、順番を決めざるをえないほど足りないものがあるのか、また、今は足りないものがあるとして、足りるようにできないかです。前者について、よく使われる一つの基準として「平等」があります。『自由の平等——簡単で別な姿の世界』（２００４、岩波書店）の第2版を用意できるなら、そこでその議論を続けようと思います。

後者について。お金のあるないより「現物」で考えたほうがよいと言い、そのうえで「もの」も「人」も足りないなどということはないと言い、そのうえで局所的な不足にどう対処したらよいかを示す。来年になりそうですが、このことを述べる、やはり小さく、値の安い本を出してもらおうと思っています。今あるのはその応用問題です。医療には場所と機械と薬、その他消毒用アルコールとか細々ともろもろがいりますが、それ自体が希少ということはありません。私たちは生物体であり、その機能に関わるものは多くこの地球上に普通にある物質、増殖する物質だからです。やがてできてくるだろうワクチンもそういうものです。さて次に人です。

全体として人は余っていると本書で何度も言います。ただ、もちろん今必要なのは、きっと高度な技術なのでしょう。しかし、まずは見よう見まねでもできるようになればよい。

特殊な人しかできない指図が必要なら、指図はその特殊な人にゆだねてもよいでしょう。実際に動くのは狭義の医療者だけである必要はありません。技術、安全性、その他の条件は満たすべきですが、それは今ある資格がないとできないと決まってはおらず、仕事ができるようになったら、仕事をしてもらう、すくなくとも人が足りなくて人が死ぬよりはよいだろうというのです。

在宅で人工呼吸器を使って暮らす人などの喀痰《かくたん》の吸引などの仕事は「医療的ケア」などとも業界で呼ばれます。非医療職者がその仕事をすることを認めさせようという動きと、それを止めようという動きとの対立がかつてありました。完全に落着したわけではないですが、ヘルパーができるようになり、私の周囲にもそんな仕事をしている人たちがたくさんいます。本書が紹介する研修にも「医療的ケア」ができるようになるコースがあります(71頁)。

その時の反対は医療、というより看護業界からのもので、例によって安全性が根拠にされました。長い時間の系統的な教育があってうまくできる判断や処置があること、それが求められる人・時にはそれができる人があたるべきことをまったく否定しませんが、そうでもない部分もたくさんあり、現に既にヘルパーたちがしてきました。そのことを認めようとしなかった人たちがいたということです。人が足りなくさせられる時には、ときに、こんな自分たちの職域を護《まも》り拡張しようという力学が働きます。既に仕事としている人たちは、その自分たちの仕事を新たに仕事にしようとする人たちの参入を警戒するのです。さらに、このすったもんだがあった時もその以前も、今も、家族が行なう場合は認められていたのです。

もちろん、このたびの緊急対応と毎日たんたんと痰をとったりなどする仕事とはおおいに違うでしょう。そしてこの仕事を、仕事だから仕方なく続けている人たちには、代わってもらえるならどうぞと思う人たちもいるでしょう。まったくもっともなことです。ただここで言いたいのは、今いる人と別の人もできるようになるだろうということです。それも理由はある。人間とその病状はおおいに個体差がありつつ共通性もあること、そしてその人に関わる人間の多くにも共通性があって、誰かができることはたいがい他の誰かもできるということです。むろん、できるようになるまでの時間の問題はあります。安全に確実にできるようになるためには必要で十分な時間がかけられるべきです。しかし、ときにはいくらかは緊急対応でにわか仕立てでも仕方のないこともある、ただただ人が亡くなっていくよりはよい、ということです。

この本をこのように出す、そして補う

本書の第6章までは、「重度訪問介護従業者養成研修」の講師として何度か話したその録音記録を文字化してもらい、それをもとにして、さらに加えたりして作っていきました。実際には、本書一冊分を2時間の研修で話すことはできません。だいぶ増やしました。他方で、その部屋に集まっている人たちに向けた話そのままにしてある部分もあります。

その制度、そして研修のことは第3章（70頁）で説明しますが、「重度訪問介護（重訪）」はわりあいマイナーな制度ではあるけれども、重要なものなので、だからその研修も行なっているし、そこで私も話をしているのです。本書はその紹介のための本であり、研修での講義で話すことと当然に重なるので、使いました。

ただ一言加えておくと、同時に、もうすこし広く、介助のこと、介助の仕事のことを知ったり、考えたり、そして、使ったり、そして介護保険のヘルパーも含めて自分の仕事にしたり、という具合になるとよいなと思っています。そして、現在あるもっと普及している福祉の制度・仕組みも、全体として、本書が紹介する仕組みのほうへいくらかは向かうとよいと思っていますし、それは徐々にでも可能だろうとも思っています。

講義では、話を聞くだけでだいたいわかるように話しているので、わかりやすくわかってもらえるだろうと思いました。しかし結局はかなりの手を入れることになりました。三つの録音記録を文字化したものを整理し、細かくなおしたりし足したりしました。最初から書き出したほうがずっと手間がかからなかったようにも思います。けれど、そういう苦労をしてよかったとも思います。「わからない」と言われても、この本については謝らないでおこうと思います。

本書は、まったく実践的・実用的な本です。ただ、実践的であろうとするなら、それは社会をどう見立てるかに関わってもきます。本書で私は新たに考えるということをしていません。ただ、私が考えてきたこと書いてきたことが、ここにこう関わってきているとわかるようにはなっていると思います。

そしてなにより、新書のなかでも一番抑えた値段にしてもらえるように、短くしました。そうすると、さらに詳しいこと、具体的なこと、日々変わっていくこと、関係する人や組織や本についての情報を載せることはできません。そういう部分については、まず一つ、私たちのサイト、というのは立命館大学に「生存学研究所」というものがありそのサイトなんですが、その増補で対応していきます。「全国障害者介護保障協議会」（80頁）の協力を得てたいへん充実したものになってきていますので、ご覧ください。グーグル等で「重訪」で検索すると上から二つめに出てきます（http://www.arsvi.com/d/a02j.htm）。そこからもっと広い範囲の情報を掲載している「介助・介護」のページ（http://www.arsvi.com/d/a02.htm）にもリンクされています。また、研究所のサイトは二つあるんですが、「生存学」で検索して四つめ辺りに出てくるその一つのサイト（http://www.arsvi.com/）の表紙からも「重度訪問介護（重訪）」にすぐ行けるようになっています。

そしてもう一つ、本書を購入してくださった方に、本文の2倍以上の量の註と文献表を付けた電子書籍、といってもホームページで見るページと同じ形式のファイル――ですから関係する大量のファイル＝ページにリンクされています――を有償で提供します。写真等の画像、動画にもリンクさせます。「立岩真也　介助の仕事」で検索すると、本書関連情報のページ（http://www.arsvi.com/ts/2021b1.htm）が出てきます。そこに説明・入手方法などあります。

コロナのもとでも、あるいはだから、書こうと思って序を書いて、終わって、もうこれで、と思っていたら、京都でのＡＬＳの人の嘱託殺人のことが報じられました。それで最後の章を加えました（第9章・211頁）。書いていって、このできごとについても言うべきことは、まず、本書で書いたことだったと思えました。それがわかるように書いたつもりです。同時に、他にも薄い、短い本がいるのだろうと思いました。しばらく、新しいもの、長いものは抑えて、そんな作業をしていこう、そうせざるをえないのだろうと思っています。

著者

2020年8月

第１章
ヘルパーをする

ヘルパーしてみる

ヘルパーしてみるといいんじゃないかって話をします。後で（第3章・70頁）お話ししますけど、この国にある大きな制度として公的介護保険がありますが、今日と明日の2日間の講習でできるようになるのは、「重度訪問」という制度によるものです。それは、基本的には、本人＝利用者のいるところに出向いて、比較的長い時間つきそって、その人の指示があれば、それに従って動くというものです。その仕事をすること、その仕事を使って生きること、制度のことなどをお話しします。ただし、介護保険のほうもそういう方向に行ったらよいと私は思いますし、まずはどの制度で、とかはともかく、この介助という仕事のことを知りたいという人に読んでもらえればと思ってます。

今ほんと人手が足りないんです。街で自宅で暮らすその暮らしを続けたいんだけど、介助者がいない、事業所・団体に聞いたけど派遣できる人がいないと言われたっていう人、つい数日前も、そういうメールが来ました。この本に出てくる組織、かなりがんばっているると私は思うんですが、そこにも問い合わせたけれども、人がいないと言われたということとでした。

実際にはなんとでもなるとすぐ後で説明しますが（31頁）、今はそうなっていないのも事実です。なので人手が足りない。それはよくないことですが、しかし、足りない、募集中ってことは、すぐにその仕事ができるってことでもあります。ので、ちょっとやってみたらいいんじゃないだろうか、って。僕がこの研修の場にどうしているかっていうのは、そういうことを言うためにということなんです。

そしてその仕事を、自分の生涯の仕事にする人もいれば、自分の人生の半分ぐらいの人もいれば、10分の1ぐらいの人もいるし、いろいろありだけども、そのいろいろありっていう形で位置付けるっていうのがいいんじゃないか、まあいっぺんやってみよう。そういうことを言います。

今ここに大学生やってるって人何人ぐらい？　半分ぐらいですね。学生もいるだろうし、お勤めのある方もいるだろうし、家庭の仕事がある人もいるだろうし。それから、今までやってきた勤め仕事がそろそろ終わる、あるいは終わった人もいるかもしれない。いろんな人がいて、これを本業にしようって人もいるかもしれないし、アルバイトでちょっとやってみようかなって人もいるかもしれない。それはどっちでもいい。これはそういう仕事でもあります。

相手とうまくいくいかないという、当たり外れはあります。利用者にとっても、「こういう人はちょっと付き合えない」って人もいるんですが、それは働き手にとっても同じことで、だめ、って人はいる。やってみないとわからないっていうのも正直あります。ただ組織に登録するというかたちをとれば、相手を代えてもらうことはできます。3人までやってみて、みんなだめだったら、自分はこの仕事には適してないかも、そんな感じでよいと思います。

お金のこと

介助というものはこんなに大切なものだとか、よいことだっていう話は、私はあんまり得意でないのでしません。不得意っていうか、要るものは要る、それだけだと思うんで。むしろ、要るものは要るっていう以上に「ケア」が大切だとか語る話には、かえってすこし身体と人生によくないところがあるとも思っています。その話は第8章（203頁）でします。

そして、介助に関するテクニカルなこと技術的なことは、これからいろいろ教わったら面白い、そしてもちろん大切です。けど、それを社会のどういう仕組みのなかに位置付けるかということも大切でね。といっても難しい話じゃない。まず、これは基本お金は支払われるシステムです。いったいどれぐらいのお金になるんでしょう。そんなところから始めましょう。

働き手がいくら受け取るかについては、決まりはないんです。今はほとんど民間の事業所がこういう仕事をしていて、そちらに政府がお金を渡すという仕組みになってます。それで、事業所に渡るお金は決まっています。1時間につき何点と決まっていて、1点は、地域によって少し違うけれどもだいたい10円とか。すると1時間200点ぐらい出ていれば、2000円くらいになる。そのなかから一人ひとりの働き手にどれだけ出すかは、事業所が決めるわけです、あるいは労使交渉で決まっていきます。やはり後で説明しますけど、介護保険のほうがずっと点数は高いんですが、介護保険と重度訪問の二つの制度、僕が知ってる範囲では、ヘルパー、つまり皆さんが働くようになって得る時給はそんなに変わらないんじゃないかと思います。

で、その介助の仕事で今どれだけ稼げるかというと、ざっと時給で1000円、それをすこし上回るか、とくに仕事始めてしばらくはちょっと下回るかっていう感じだと思います。で、これは景気がいい・悪いとか、それから地域がどこなのかによっても違います。スタートとしては、他のスーパーマーケットであるとかコンビニであるとか、その他もろもろのアルバイトとほぼ横並びぐらいかと思います。

そしてそのヘルパーは不足してるんです。ヘルパー業界、介助・介護の世界は、人手不足が続いている、むしろ深刻になってるんだと、みんな言います。私は京都市内の事業所、団体といくつか付き合いがあったりしますけど、誰に聞いてもそういう話になります。

それはまずはそのとおりなんです。そして「人が足りない」とか言うと、すぐ「少子高齢化」とかで人間が足りなくなってるからだっていう話にすぐ乗っちゃう人がいるんですけれども、私はそれは嘘だと前から言っています。これもたくさんの本のなかで書いていますす。だけど、なかなか読んでもらえなくてね。僕の本はだいたい厚いんです、400ページ超えたり。すると値段も高くなる。どうしたものか、です。あとでこの話の続きを少しします（55頁）。

人が足りないからヘルパーが足りないんじゃないんですよ。他の仕事に行っちゃうからなんです。簡単に言えばね。以前と比べると、景気が超悪かった時に比べれば、少しましになってるっていうこともあって、他の仕事に行ってしまう。この仕事は、他のバイト仕事と比べた場合、とくに安いというほどでもないんだけど、同じぐらいなんだよね。

まずたんにお金を増やせばよい

ならばどうするかっていうとですね、一つは単純に労働条件をもっとよくする、給料を上げればいいんです。僕が言ってるのは、「とりあえず、すぐに、時給1500円にしよう」って。まずは手取りで1500円が目標、さらには2000円ぐらいにと思って、言っています。やってやれないことはないんです。そして、時給・給料は事業所が決めると言っても、多くはそう儲かっているわけじゃないから、その裁量で高くするのには明らかな限界がある。とすると、点数そのものを上げるしかないということになります。そのお金は、政府はないって言ってますけれども、あります。だからできます。そうなれば、まあまあいけるんじゃないかなと。

今、日本のフルタイムのワーカー、労働者、勤労大衆っていう人々がどのぐらい働いているか、ご存知ですか？　だいたい1年2000時間って言われてます。これは国際的にはちょっと多いです。フランスだのドイツだのっていう、あまり働かない、いや働いているんだけど労働時間は少ない国だと1700、1800とか。いいねっていう感じです。

日本は他のいわゆる先進国に比べると長い。2000は統計的な数字なので、もっとこき使われてるっていうか、働いてる人もたくさんいると思いますが、まあ2000時間としましょう。

1500円で2000時間働いたら、年300万。月25万です。少なくとも1人だったら暮らせるじゃないですか。実際にヘルパーの仕事で2000時間働けている人がどれだけいるか、これも大切なところですが、今は措《お》きます。仮に1年で2000時間働くと1500かける2000で300万。1人だったらまあ暮らせる。結婚なりして、連れ合いがいて、あわせて2人いるとして、もう1人も同じだけ働いたら、2人で600万。2000円で2000時間なら400万、2人なら800万です。

それにたとえば子どもが育つためにかかるお金、それから自分やら子どもやら誰でもが病気になった時にかかるお金、等々は、その収入からとは別に得られるようにすれば、これくらいで、さらに十分にやっていけます。それらの費用は税金使ってやるということですから、そんな税金ばっかり取って世の中やっていけるのかなって皆さん一瞬思ったかもしれませんけど、全然そんなの簡単で、楽勝です。年収1人300万といった場合には、「手取り」でそれだけと考えてください。もっと収入が多くなれば、その人も税の負担者にはなります。たとえば教育のお金も税金使って、介護も税金使って、そしたら日本の財政やっていけないでしょう、みたいなことをすぐ心配する人がいます。その心配性の人のほうが世の中多いぐらいになってるね。日本人って限らないのかな、いや、日本の人にその傾向が強い気がしますね。なんか無理って思うことにしちゃってるのね。世の中大変だというのが挨拶代わりになっているわけです。なら気にしなくてもいいという気もしますが、毎日そういう挨拶をしているとほんとだと思ってしまうこともありますからね。だから、そうでもないよっていうことを、「足りない?」→「足りなくない」ことを、別の本(30頁)で書こうと思っています。

そしてこの額は1500円と1000円の間をとって1250円とかいうのではなくて、譲れない額です。だから、いくらか値切られるのを見越すのであれば、最初から2000円で通すと言うのもわかります。

これはいわゆるマーケットメカニズムで決まるお金、価格じゃないんです。選挙民というか、政治的な決定に関われる人たちがそれでいい、そういうことにしようって言えば、明日からでもできます。この仕事だけでなく、政府が関わってお金を払う仕事に関しては、1500円とか、政府の責任でそれくらいまで出すようにしようって言ってる政治家もいます。本気かよ、って思うかもしれないけど、たぶん本気だと思います。やってもらったらいいと思います。やろうと思えばわりと簡単にできるんですよ。

いま現在のことで言っても、より重度の人の介助の場合は、加算がつくこともあるんです。痰を吸引するとか、仕事が深夜に及ぶとか、重度の人に対するちょっとした技がないと上手にはできないことが上手にできる場合、行政のほうも、厚労省のほうも加算を付けています。加算っていうのは、加算つけてある方向に誘導した後また下げるとかちょっとあざといというか怪しいところがあって、いいものかって言ったら、常にそうとは限らないんですけど、それでもあってよい場合はあります。その加算があったりして、けっこう重度の人を中心にやってる事業所なんかだと、そしてちゃんとお金を労働者に還元するというか分配する事業所だと、時給で働いている人でも、1500円超えて、1800円とか、そのぐらいで働いてる人がいます。ですから実際にも、場合によっては時給1500円を超えるっていうのはありです。

そうなってくると、いちおう職業として成立するかなっていう感じです。バイトから始めて、管理職でなくヘルパー一筋で、年収700万超える人が出ているという話も聞きます。つい先日も、知り合いと話していたら、知っている事業所のヘルパーで家借りようっていう人がいたんですが、貸主さんが、ホームヘルパーが家借りられるはずないって、最初取り合わなかったんだそうです。いや、そんなことはなくて、年収はこれこれだと言ったら、ヘルパーってそんなに稼げるの、って言ったたっていう話を聞きました。一方でそういうリアルもあります。私のまわりに博士号をとったオーバードクター、たくさんいますが、もちろんその人たちはそれだけでは収入ないんだから比べても仕方がないのも当たり前だけども、同じぐらいの年齢で、介助を本業にしていて家買ったって人はいます。

どんな仕事?

給料は高くはない、それは事実ですが、ときには実際よりさらに低いと思われている。そして他の仕事って、みなわりあい知ってる、というかイメージしやすい。コンビニとかスーパーとかだったらみんな毎日行ってるわけだから、そこの店員さんがどういう仕事をしているかは、何となく…、実際は裏方とか大変だったりするんだけど、だいたいはわかると。それで、まあわかるし、そんなに危なくもないだろうし、明るい感じだしね、照明がね。他方、介助の仕事って、すごい大変なんじゃないか?って思う。そんな感じで、同じ給料だったら、たぶんそんなにきつくないだろうな、っていう仕事に流れちゃってる。

そういうことだと思うんですよ。そんなに深い話じゃなくて。

では、介助というのはどんな仕事か。ちょっといろいろありすぎて、一言じゃ言えない。きついかきつくないかっていうのは、ほんとに一概には言えません。

ただ、ここで思い浮かべている一対一という仕事の仕方については、まず身体的な負荷ということで言えば、そうしんどくはないことが多いと思います、僕はね。とくに重度訪問の場合は、介護保険のヘルパーのように、ばたばたとあわただしく身のまわりのことをやって、そして終えたことにして、移動して、次の訪問先に行くというのではなく、大多数は平々凡々と、というか、その場にただずんでいて、すこし退屈なぐらいに、時々言われたら言われたことをやって、終わったらまた戻るっていう仕事です。建物のなかで、多くの人を一度に相手にし、次から次へと、職場の定めや上司の指示にしたがって、分刻みで仕事をこなすというのとはすこし違う。

夜間の介助も、その大変さは違う。たとえばALS、筋萎縮性側索硬化症っていう障害があって、私はずいぶん前ですが『ALS』という本を書きました（2004、本書11頁）。筋肉を動かせなくなっていって、肺を動かす筋肉も弱くなって、自発呼吸ができなくなっていきます。それは人工呼吸器で補えばよい、となるんですが、嚥下《えんげ》といって、ものを飲み込むっていうこともできなくなっていって、痰も飲み込めなくなります。それで痰詰まっちゃうと呼吸できなくなって死んでしまうから、痰を取る、吸引っていう仕事が必要になります。それを20分かに1回やらないといけないっていうようなことがあったりすると、それはなかなか大変といえば大変です。

だけれども、同じ夜間でもそういう仕事はなくて、たとえば体位の交換してって言われたらするという仕事のこともあります。同じ姿勢でずっと寝てると痛いんですね。そしてずっとそのままにすると褥瘡《じょくそう》ができるんです。それが悪化すると手術しなきゃいけなくなったり、えらいことになるんですよね。そういう体位の交換というのをやったりとか。それだけだったらそれほどきついわけじゃなかったりもします。

人間が関係する仕事にはつきものですが、双方による暴力、ハラスメントはありえます。ありうるというだけでなく、実際、そう多いとは思いませんが、あります。明らかに相手が悪いという場合は、すべきことははっきりしています。止めろと言っても止めないなら、訴える、辞める、別の人に代えてもらう。ただ、ときに、何が悪いのか誰が悪いのか、何が起こっているのか、わからないことがあります。とくにそういう時には、心理的にきつくなることがあります。円形脱毛症になった人もいるし、うつになった人も知っています。

このきつさは、私の勤め先の大学院生もいろいろと体験し、書いてもいるのですが、そのきつさをもたらしているものが何なのか、いまだに謎な部分があります。身体が動かなくなって、コミュニケーションが困難になっていって、指示が伝わりにくくなっていって、そうしたなかで不快・苦痛と苛立ちが高まっていくという部分が大きいのでしょうけれども、それだけでは説明できないように思われることが起こることがあります。とにかくきついことを言われ続ける、何をどうしたらよいかわからない、ということがあります。

こういう時には、まずは、間に入る人がいるとよいです。それでもうまくいかなかったら、やはり、別の人に代えてもらうとか、その職場を辞めるというのが一つです。面倒な相手そのものがいなくなるわけですから、もちろんこれは有効な手立てです。同じ事業所にうまくいく人が別にいれば、あるいはよい同業の職場があれば、仕事は続けられます。

ただ、今度は、両者の間に入るという仕事が、その仕事をする人にとってきついということにもなりえます。とくにきつい思いをする人は、事実上、介助する人を確保する役割も果たさざるをえない人だったりする。全般的に人手不足の時には、ヘルパーに辞められたら介助を提供し続けることができなくなります。そうすると辞めればいいよ、と簡単には言えない。両者の間にはさまれて、両方をなだめたりしようとするのだけれど、なかなかうまくいかない。ほんとうに消耗してしまう。そんなことがあります。

こういう苦労や消耗は、いつまでも、なくなりつくすことはありません。ただ一つ、働き手がたくさんいて、辞めたいという人を引きとめる苦労が少なくなると、少しは楽になります。だから仕事をしようとする人が多くなってほしい、だからこの本も作ろうとした。そういうことになります。

いつも、のほほんとやっていけるわけではありません。ただ、それは例外的とまでは言わないけれども、そうしょっちゅうあることでもない。起こってしまう厄介ごと、その場での消耗がなくなることはないと思うし、そこをどうにかしようとする困難な仕事を誰かはやり続けることになるのでしょうけど、まずは、比べれば楽なほうの仕事をまわしてもらうといったこともできます。人によって、その人の調子や気持ちによって、現場の仕事と、現場を調整したり組織を経営したりする仕事とを行き来できるとよいだろうと思います。その実例を少し示しながら、話していきます。

一生一つではない、としたうえで格差を縮める

みなが一生同じ仕事をするということではないだろうと思います。もちろん、そういう

一途《いちず》な人もおおいにいたらよいです。しかし、働く人がみなそんな人ばかりである必要はなにもない。また実際、多くの人たちは、いろんな仕事を渡り歩いてきました。一生一社でという人が一番多かった、新卒一括採用、終身雇用という日本型雇用の時代と呼ばれる戦後の一時期であっても、そうでない働き方をする人はたくさんいました。そしてさらに、仕事を変える、仕事が変わる、その方向に進んできました。

変化してきたその事情、そして結果にはよくないところが多々あります。生活が安定しない、格差が開くといったことが起こりました。とすると、一生一社でなくてよいということを受け入れたうえで、暮らしをよくすること、格差を少なくすることが課題になってきます。同じ会社にずっといることになっている正規の社員には、かなりの部分は気苦労なんだと思いますがそれなりの苦労はあるだろうから、その分の上乗せはあってよいと思います。しかし差が大きすぎます。差は市場が決めるんだ、だから適正なんだといったことを言う人がいますが、そんなことはありません。より強い権限、発言力、勢力をもっている人たちが、給料やらを決められるわけです。その発言力、影響力をもっている人たちは「正規」の側にいる人たちです。そうやって格差が付けられてきたのです。ヘルパーの賃金を上げようというのは、ささやかではあるけども、その差を少なくしようという主張・動きの一部でもあります。

　この仕事を学生の時期の1～2年の間するという人もいる。その後別の仕事に就いてるっていう人もいるし、社会人になっても、週1ぐらいでこういう仕事に関わり続ける人もいます。会社勤めとかいろんな仕事が自分に合わなくて、あるいは合わないことがいったん就職したんだけどわかって、こういう世界に戻ってきたりって人もいれば、主婦をやりながら、あるいは他の勤めをやりながら、時々、夜あるいは週末に入る人もいれば、いったん会社の仕事が定年で終わって、でも体力も余ってるし時間も余ってるし、お金もないよりあったほうがいいしっていう人の仕事としてもある。けっこういろんな人がいろんな事情で働いています。そういう意味で非常に形の定まらない、何時から何時までって決まっていない仕事なんだけれども、だからいいっていうか。自分の都合というか、都合だけじゃできませんけれども、この空いた時間にうまいこと調整してもらえればね、それが成功すればの話ですけれども、そういうことができる仕事なのかなって思います。

　この仕事のいいところは、ちゃんとした事業所とうまい関係が作れるのであれば、いろいろ事情を話して、仕事としては夜間の仕事なんかもあるんですよ。夜入って朝まで、そうすると10時間とか、たとえば。そうすると、時給的には高くはないけれども10時間入れば、かける10にはなるんですよ。そういう仕事の仕方というのも、あるはある。いろんな家を渡り歩いて、働き詰めでとなると、なかなかきつい。施設での仕事もです。白崎朝子さんの『介護労働を生きる』（現代書館、2009）、『Passion　ケアという「しごと」』（2020、現代書館）等にはハードな部分が書かれています。だから「おんなじ給料だったら他の仕事するよね」っていうことにもなるんだけど、そうでもない働き方もあるということです。

主体性の少ない仕事

次に、もっと積極的にこの仕事のよさを言ってよいのかなと思います。何がいいかというと、とくに仕事の相手がきちんきちんと指示してくれるような人の場合は、介助っていうのは主体性がいらない仕事なんですよ。というか主体性がないほうがいいみたいな仕事なんです。基本はやれって言われたことをやる、言われた通りにやる。

だからこの仕事は、「私が私が」って、「俺が俺が」って、そういう人にはあまり向かないかもしれません。前向きの、前のめりの人間よりも、すこし後ろのほうに引いてる人のほうが向いてるところもあるように思います。そして、そんな人たちや、その人たちの仕事がなにか低くされるべきいわれは何もないことは後でまた言います（第8章・196頁）。

そしてこの仕事って人間関係の仕事の極地みたいに思われているかもなんですが、意外とそうでもないところがあると私は思います。仕事の場での人間関係って、お客との間の関係ということももちろんあるけれども、実は、同僚であったり上司であったりという人との関係が大きいですよ。そして、こちらのほうの人間関係ですっかり消耗してしまうということがたくさんあります。ただ、基本一人が一人をという介助の仕事の場合は、たくさんの人に囲まれて、上役の言うことを聞きながら、同僚と仲良く仕事をするというのとは違います。おおまかには一人に一人という仕事です。そういう仕事のほうがよいという人には、合っていると思います。

1970年代半ばぐらいまでに大学に入ったみたいな人だと、「学生運動」に関わって、そして挫折したって人たちがいます。そういう、学生くずれ、運動くずれという人たちもかつてはいました。革命するってぐらいですから、まずその人たちは反社会的であったはずです。さらに、それが挫折するんだから、ますます外れ者です。むろん、実際には、運動やっていた人たちの中には官僚・社員として優秀な人もたくさんいて、その人たちはつつがなく社会を泳ぎ、世間を渡っていったのですが、そうでない人たちもいました。負けたんだから仕方がない、会社員になる公務員になる、とはならなかった、なれなかった人たちがいます。運動としてという人、場合によっては新左翼組織の指示でという人もいますし、組織や組織の運動がいやになって抜けて、でも自分なりの運動の継続をという思いの人もいるし、もうそういうのはやめたわという人もいる。全部が混ざっている人もいる。そういう人たちが障害者の世界に入って、でもそれがなんだかわりと水にあって、それから40年とかやってるという人がいます。

今はそういう経歴の人はまずいません。でも、介助・支援の世界に入らなければ、引きこもりなりそれに近い感じで来てたかな、みたいな人もいますね。ということは、かつての社会運動・学生運動の、中心、というよりは脇のほうにいて、そのまま「社会人」になりきれず、支援者になったという人のある部分は、今の世だと、引きこもりという名前がつくようなところにいたのかも、ということかもしれません。

『道草』(2019)という映画があります。知的障害の人たちとその人たちを介助する人たちを撮った映画です。壁を叩いて穴をあけたりする、いわゆる強度行動障害がけっこうきつい人もいて、なかなかに大変でありながら、その大変さもこみで、そこに出てくる介助者を見てて、楽しい、というか、うれしかったです。あの映画に出てくる人たちには、

30年ぐらい前から名前は聞いたことのある人もいて、この30年っていうものを思った時に「ああ、あの人たちずっとこういうことやってきて、それが今こういう生活っていうか、こういう映像作ってたんだな」って思いました。この映画を撮ったのは宍戸《しど》大裕《だいすけ》さん。宍戸さんのその一つ前の映画が『風は生きよという』（2015）という作品で、写真はその主人公の一人、海老原宏美さんの本『まぁ、空気でも吸って』（2015、現代書館）の表紙です。

だいたい40すぎのおじさんたちが知的障害の本人の後ろを付いてって、だまって、あるいは時にああでもないこうでもないってやりとりしながら1日を過ごす。それを仕事とし、

海老原宏美『まぁ、空気でも吸って』（現代書館、2015）

その仕事で飯食えてる。頑張るともなく頑張ってて、ちゃんと飯食ってるぞっていうね、その飯が食える仕掛けというものを日本の運動が30年、40年かけて作ってきて、今を作っているっていうのが、「いいぞ、おじさんいいぞ」って。そういう姿って、なんか、僕はこういう調べたり書いたりする仕事してるから少しは知ってる

っちゃ知ってますけど、そんなに世の中に、世界中にあんまりないんじゃないかっていう気がしてね、それは誇らしい。そういう世界観っていうか世界みたいなのを作ってきたっていうこと、それはやっぱ、みんな単純にほめようよって僕は思います。

調整する仕事

と、なんだか変わり者たち、みたいなことを言いましたけど、もちろん、大多数はまったく「普通の」人たちですよ。むしろ、普通の典型的な「社会人」たちの仕事のほうが、仕事ができると思われたり許容されたりする幅が意外と狭いと思うところがあります。機械でできることは機械にさせるようになったためもあって、仕事全体の中の人間関係の仕事みたいなものの占める割合が高くなって、かえって、「無駄な」とあえて言いますが、無駄な気づかいが必要なところがあります。それに比べると、むしろこの介助という仕事のほうがいろんな人を許容する幅があると言えるようにも思えます。「普通」から若干外れていると自分のことを思ったり、人から思われている人もやっています。自分は発達障害だと自認してる人がいたりします。診断がついてると言ってました。精神障害であったり発達障害であったりって人が、知的障害の人のガイドヘルプ、外出時の同行とかそういうのですね、をやったり、そんなこともあったりします。組み合わせ、とり合わせはいろいろです。

こうして、利用する本人が指図して介助者がその通りにする、それでことが普通に運んでいく、その二人の間になんの問題も生じないというのなら、それはそれでけっこうなことです。ただ、いつもそううまくいくとは限りません。二人の間にもめごとが起こったり、ただ介助するというだけではすまない問題が持ち上がったりで、間に入って調整したり、という仕事が出てきます。すると、今言ったような人たちとまったく別のタイプの人たちというわけじゃないんですが、もう少し社交的で、間に入ってああだこうだと調整し、もっと円滑にいくようにするという仕事ができる人、向いてる人、好きな人もいますよね、そういう人たちが調整する、仕切るという仕事もあります。そして、自分自身がもめていてどうにもならないといった場合には無理だとしても、介助を使うその人自身が、経営・管理・調整の仕事ができる、さらに、その仕事に適している場合があります。これらについては第4章（108頁）で紹介します。

それから、最初におことわりするのを忘れていましたが、ここでは基本的には「介助」

という言葉を使います。制度的には「介護」が使われますし、一般にも普及しているのは介護のほうでしょう。普及してしまったので、介護って言葉は大昔からあるような気がしますが、そうでもないらしいですけれども。制度を作って、そして使って暮らす人には、「介護」の「護」は「保護」の「護」だからいやだって人たちが多いです。ならば「助」ならいいのか、とか、運動家・組織も「介護保障」という言葉も使っているということもあり、私自身はそんなに強いこだわりはないのですが、まあ「介助」でよかろうということで、本書でもおおむねこちらを使っています。

第２章

いろんな人がヘルパーをする

年とっても／とってからやる

この仕事には、普通の会社員・公務員のように定年がないところがあります。70代後半の人、さらに80を過ぎた人で、現役でヘルパーやってる人が実はかなりの数います。私は、けっして、そんなにいつまでもがんばれと言いたいわけではなくて、でも、仕事できるし、したいという人はしたらよいと思うんです。

昔って55歳定年だったんだよね。信じられないというか。私は、2020年に60になったんですけど、まだ駆け出し、修行中、みたいな感じだよ。65になった時にこの駆け出し感っていうのがなくなるかというと、それもよくわかりません。

「少子高齢化で大変」ってよく言われるけど、という話はさきに少ししかけました（30頁）。少し続けると、高齢化は、平均すると、一生のうち元気で働けてしまう時間が長くなり、一生のうちの働ける時間の割合も高まるということでもあるんです。もちろん人は、だんだんあるいは突然、元気じゃなくなる。これは仕方がない。そういうふうに人間はできている、生物はできている。それ以上でも以下でもない。でもたいがいの人たちは、かなり長く、なぜか元気なんです。その期間は長くなり、一生のうちのその期間の割合も増えている。これは、まあよいことでしょうね。

だけど会社はまだ元気なうちに仕事を辞めろと言う。定年って不思議っていえば不思議な制度ですが、人が世の中に、そして会社の中に、足りないんじゃなく、余っているので、より使い勝手のよい人を採ったり残したりするため、人減らしのための仕組みだと考えたほうが、この仕組みをうまく説明できる、と私は思っています。また後で少し続けます（55頁）。

そうしたなかで、退職金もあんまりはないとかね。年金は65からもらえるけど70からでもいいとか、この国の制度はそういう仕掛けになっている。そしたら70からもらうことにして、65から70の間は何しようかなみたいなことになる。多くの人は自分がいた会社の嘱託社員みたいなのになって、仕事は減って管理職をしなくて済むからいいともいえるし、しちゃいけないともいえる、そういう仕事に就く。たとえば僕らの大学だったら、65から70まで、特任教授って身分があって、なんか偉そうですけど、給料は半分ぐらいになり、教授会に出なくてよくなり、みたいな仕事に就く人もいます。民間の企業でもけっこうそういう人がいます。

ただ、一方にうまいことやって役員になっていい給料とっているわずかな数の同輩や先輩がおり、他方に若い連中のほうが偉そうにしてるみたいなところで、給料減らされて働き続けるという手もあるが、そんなところは辞めちまうという手もあります。まるきり金がないわけでもないが、元気も余ってるし時間もあるし、いくらか金も稼げればもっといいということであれば、60や65からの仕事の一部として、こういう仕事をやってみるっていうのも、僕はけっこういいんじゃないかなと思うんです。

ただ、今までばりばりやってきた人たちがみな、基本的には地味なこの仕事ができるかなという心配がなくはありません。元気すぎて、前に出すぎるかもしれません。なので、事務系の仕事とか、経営的な方面のほうが適しているかもしれません。しかしこれも、ときどきやり手すぎて、よろしくないということもある。私が知っている人でそういう人いますが、家族に介助が要る人がいるというので、立派な会社を辞め「福祉の仕事」の資格をとって仕事を始め、やがて事業主的になり、やり方によっては儲かるというので、その道をがんばりすぎてしまう、といったことがあります。きちんとした勤め人だった人というのは、けっこう扱いにくいこともあるんですよ。儲け（志向）を適切なところにとどめるというのは実はかなり大切なことなんですが、本書ではあまりふれられません。しかし大切だということだけは言っておきます。

こうして、きちんとした勤め人だった人は、かえって、けっこう扱いにくいこともある。とはいえ、いわゆる仕事ができる人たちではある。ですから、使いようというところもあります。

再起の始まりにする

ＮＨＫオンデマンドという、過去の番組を見れる有料のサービスがあるじゃないですか。あれ見てたら、『ミッシングワーカー』っていう番組がありました（ＮＨＫスペシャル、２０１８）。40代ぐらいの男性、男性に限らないのか、シングルの人が、親の介護とかで仕事を辞めざるをえなくなり、辞めちゃったと。そして親のたくわえであるとか、年金であるとかで食べていく。そうやって10年、20年、親の介護をする。それで50になりました、55になりましたと。その親はそのうち死ぬじゃないですか。そうすると親の年金もなくなり、収入がなくなる。だけどその時点では、かつてしていた仕事との縁はもう切れてるし、その間ずっと家に親とこもっていた。そんなことで再就職ができない。そしてその人たちの多くは、実は失業者にはカウントされないんです。というか、政府的には失業者じゃないけれども仕事はない、そういう状態の人のことをミッシングワーカーと言うんだってことです。

日本の場合、どういう人を失業者って言うかというと、行政的にはたいへん狭い定義になっているんです。仕事がなくて、仕事を得ようとして、仕事が得られなかった人、条件が三つ重ならないと失業者とは認定されないんです。つまりハローワークに行って、行ったけどそこに仕事がなかったという人じゃないと失業者にならないんですよ。だけどもう疲れちゃって、行く気も出ないっていうか、行ってもどうせ仕事ないだろうなって、実際なかったりするんですけれども。最初からそれを見越してというか、悲観的になってというか、そういうのでハローワークに行かない人は、そもそも失業者としてカウントされていない。そういう人が１００万人ぐらいいるんだそうです。

今まで介助の仕事をしてたから、次も介助の仕事しなきゃいけない、そんな決まりはもちろんありません。さんざんやって飽きた、疲れたということであれば、別の仕事のほうがよいと思います。ただ、親の介助を20年もやっていたんだから、やれてきたわけですよ、その仕事は。20年やって疲れちゃった人、次の仕事の機会が得られない人、今日この研修の場にいるといいなと思いました、その番組見てて。今までいわばただ働きだったのを、他人の介助して、1時間1000円ぐらいにはまずなる、もっとましな政府にすれば1500円ぐらいすぐなるよと。昨日までやってきたことを、今度はお金もらってやってみる、しばらくそういうのをやってみて、だんだん体をほぐしていって慣らしていって、別の仕事をしてみるとかね、そういう人もいていいんだろうと思うんです。

だいじょうぶ

いまの話は、かつて親の介助をしていて、親がいなくなって、失業者にカウントされてないけど仕事がなくて、というような人が100万人いるということでしたよね。そしてさっきは定年になって、力をもて余している人の話でした。だから、少子高齢化で人が足りなくて、それで働き手が足りないから大変だという話を信じるところから始めることはないということです。もっと子どもを産め、ということにもならない。子どもがたくさん生まれるのはいいことでしょうけど、まず、人が少なくなるから産めと言われて産むものかよということがあります。畜産業じゃないんだし。失礼でもあります。仮に、そうやって産めよ増やせよって、それが実現したとして、いったい何十年後の話のことだよっていうのもあります。

立岩真也・杉田俊介『相模原障害者殺傷事件』（青土社、2017）

ケアワーカーに限っては外国から人をいれなきゃならないという話にしてもそうです。外国人労働者が来るのも悪いことじゃないと思います。だけど、そうしないとやっていけないとか、いや、そもそもやっていけないとか。やっていけなくなるから、世話する仕事をする人に限りがあるんだから、世話されるやつを殺してしまえ、みたいな。実際に殺してしまったのが2016年7月の、相模原の「やまゆり園」という施設での事件ということになります。写真は、翌年の1月に出版された『相模原障害者殺傷事件——優生思想とヘイトクライム』（立岩真也・杉田俊介、青土社）の表紙です。

ほんとに大変なら、それを前提にして考えるしかないこともあるでしょう。しかし、そうやって考えていったとしても、もう少しまともなやり方はあるだろう、と思います。殺したりするよりも、というだけのことではありません。自分は死んでもいいという、「事前指示」などと呼ばれる書類があるからといって、その人の人工呼吸器をとって他の人に渡すことは倫理的に正しいと語られ、そういうものかと私たちは思ってしまったりします。明白な悪としての殺人より、善意や正義と思われるもののほうが危ないのかもしれません。そして、そのずっと手前で、ほとんどの場合にそう深刻になる必要はない、すくなくとも深刻にならないようにすることはできるということです。

すべての人を、は無理、だからしない、とはならない

こんなふうに構えたほうがいいよ、ということは、介助の仕事や介助を使う生活をどう押さえるかにも関わってきます。私自身は、確実にかなりけちな人間なので、基本一人が一人につく、そして、必要に応じてではあるけども、長い時間つく、という、はたから見る限り、緩いというか贅沢なというか、そういう働き方・使い方でよいのだろうかと思うところがないではないのです。これは、生活する一人ひとりは一人ずつ住んでいること、一人ひとりが行動し移動することに対応しているわけですが、そこのところを、二人(以上)が近いところにいてもらって、それを一人で担当するとかのほうがいいんじゃないかとか、もっと効率的に働けないだろうか、また使えないだろうかとか思ってしまうところがあるわけです。

しかしまず、人は一人ひとり別々の人なんで、二人がひとところにずっといるというのでなければ、もともと一人では対応できません。そして、ひとところで二人が暮らしていても、いつもちょうどよい具合に、交代交代で二人に必要が生じるとも限りません。それを順番待ちにしたら、無理・我慢をさせることになります。だから、たくさん介助が必要な人については、緊急対応が必要な場合など命に関わることもありますし、それほどでもないこともありますが、基本的には一人に対して（二人ということもありますが）一人のほうがよい、ということはやはり言えます。

どうしても人がいないのなら、その時にはがまんしてもらうのは仕方がないと思います。しかしそんなことはないと、さっき言いました。人はいます。仕事してもよいけれど仕事がないという人がたくさんいます。仕事したいなら仕事してもらって、稼いでもらうこともよいことです。

そのぶんお金がかかるだろうと言われるかもしれません。もちろんかかります。しかし、まず、基本は右から左に移るだけということです。たとえば、今まで家族介護で無償でやってきたことにお金が出るようになったとしましょう。それだけなら人間が行なう仕事の量は何も変わりません。そして仕事をする人は、所得保障（生活保護）だけで暮らすより──実際には、とれるはずの生活保護だってとれてない人が多いのですが──いくらかよい生活をすることができます。そのぶん税金の払いが多くなる人は出てきます。だけれどもそれは、考えてみれば当然のことで、そして、たいしたことではないのです。それは「分け方」の問題であって、ものにせよ人にせよ、「総量」が足りないということではありません。これまでに私の書いたものがあるけれども、とさっき言いました(30頁)。これからそれを短く、やさしくて、そしてなぜ間違った話が流布してしまっているのかを加えて、やはり新書にして出してもらおうと思っています。

しかしそれでもなお、介助を必要とする人はすくなくとも数百万人といるのに、そのすべての人に対応することはできないだろう、と言われるかもしれません。それに対しては、私は、気弱なところがあるので、たしかにそれは難しいだろう、と言うことになります。しかし、その気弱な私でも断固としてはっきりと言いたいのは、「全部は無理、だから、何もしない」というのは最悪だということです。

ひとところに何人も集まっていて、それで日がな過ごす、その一人ひとりをまわって介助も行なうということでよいのであれば、それでよいと思います。すると、そこに住んでいる人と同じ数の介助する仕事の人はいなくてよいということにもなるでしょう。しかし、そういう暮らしを望まない人たちがいます。その手前で、人手がいないからと言われて、トイレを毎日がまんしている人たちがいます。そこから手を打つ、でいいわけです。

あとで、筋ジストロフィーの人たちが、国立療養所と呼ばれたところから出たいなら出る、そこでもっと苦しくない生活をしたいならできるようにするという企画に少し関わっていることを話しますが（第7章・168頁）、それは一つにとても簡単な事情で難しくなっている。つまり、人がいないわけではないのに、ケア仕事の条件がわるいから、そう思われているから、制度が知られていないから、人がいないだけのことで難しくなっているのです。それを、全部は無理でしょ、だから現状通りで仕方がないという、理屈にならない理屈を言って何もしないのではなく、現実を、そう手間暇かけずに、一つずつ、しかし結果として大きく変えていくことは簡単なことであり、するべきことであり、すればいい、そういうことです。

学生のバイトにもなる

ずっと介助の仕事、毎日ずっとおんなじ仕事をする、自分はそれがいいという人もいます。こうして、人生全体を控えめにという人がいても、もちろんよいのです。他方、他にやることがあったりして、生活の一部、仕事の一部にしている人もいます。別の仕事とともに、あるいは辞めた後もあり、という話をしました。僕は大学院生っていう人たちの研究を手伝うのが本業なんですが、大学院生をしながら介助の仕事をしてる人、僕のまわりが特異かもしれませんけど、けっこういます。

韓国から来てるユ・ジンギョンさんっていう女性の大学院生は増田秀明さん（63頁）というALSの人の介助をしています。ALSって、身体がだんだん、けれども多くの場合かなり短い間に、動かなくなるという不思議な障害です。ただ指先や眼球の動きは残るっていうことがあって、それで文字盤を介してコミュニケーションするという、そういう仕掛けの人生を生きてるんですけどね。その人のヘルパーをやってます。そうしてだんだん日本語が上手になってきて、増田さんをはじめとする京都の人たちについての研究をしています。

それからロッズオ（陸智豪）さんという上海から来てる大学院生もいます。彼はうちの大学院に来る前からそういうアルバイトしていて、今でもやっています。こないだ腰わるくして、これ職業病みたいなところがあるんですが、心配したんですが、なんとかなったみたいです。「ココペリ121」という、不思議なイベントを時々やったりする大阪の事業所で働いています。

留学生つながりになってますけど、留学生がとくに多いというわけではないんですが、もう一人、焦岩さんというやはり中国からの大学院生がいて、彼はプログラミングとか上手な人で、私たちのサイトのデータベースのためのプログラムを作ってくれたこともあるんですが、彼もそういう仕事していたことがあることを、つい最近知りました。彼は院生は続けてますけど、コンピュータ関係の専門学校の専任講師になれたので、介助の仕事は終わり、今はその仕事と研究との兼業です。そして私は知らない人なんですが、彼の知り合いのスペイン人で、こないだ文学だかの博士号を取って、大学院が終わって、それはいいんだけど、研究者ですぐ飯が食えるわけじゃないので、介助の仕事しているんだそうです。

そして、たまたま今はスペインやら韓国やら中国やらということになりましたけど、普通のというか、日本国籍の日本人という人でも、一方でそういう仕事しながら、大学院生している人たちがいます。

学生さんは逆に辛いかもね。学校に行かなきゃいけない時間が決まってて、その時は学校にいなきゃいけないっていうのあるので。僕が数十年前に大学生だった時は、学生みんな学校行かなくて。みんなじゃないですね、僕や僕のまわりの人たちはあまり行かなくて暇だったんですけど、今の学生さんは忙しいので、そこのとこはなかなか大変かもしれません。ただ、そういう忙しいなかでも、大学生や専門学校の学生さんが働いてくれてて、それが代々バトンリレーのように続いていて、その人たちの介助があって生活を成り立たせている人もいます。いろんな学部の人がいますけど、そうやって友達つながりで複数いて、代々続いているところとなると、看護とかリハビリテーションとかそういう学校・学部の人たちが多いことは多いですね。日本ALS協会の会長なども務めた東京の岡部宏生《ひろき》さんのところはだいたいそんな感じです。学生さんが多いです。彼は「境を越えて」というNPOをやっていて、彼の方法を伝えるということもしています。詩作で知られる筋ジストロフィーの岩崎航《わたる》さんのところも、岡部さんは訪ねたそうで、そういう方向で今動いているんだと、2019年に仙台でインタビューした時、岩崎さんおっしゃってました。

前衛の仕事と後衛の仕事

さっき、ユさんが介助している人として名前を出した増田さんは、ALSで生活の全般について制度を使っています。京都でそういう生活を実現できたその初代、先祖みたいな人は、甲谷匡賛《こうたにまさあき》さんという人なんです。甲谷さんは、舞踏、昔だと暗黒舞踏とか言ってた流れのものとかね、身体使って表現する人たちの身体のメンテの仕事をしていた人なんです。そういう人が、突然ＡＬＳになって体がだんだん動かなくなった時に、最初に支援した人たちがその身体系の人たちで、はじめはボランティアっていうか、そういうかたちでやったんだけれども、それじゃ双方とも大変じゃないですか。それで、京都市に交渉して制度を使えるようになりました（87頁）。そして、支援してきた人たちも、そういう仕事をしてもお金が得られるようになって、昼間は踊って、か、夜は踊るかどっちかわかんないですけど、どっちか半分踊って、それだけでは飯食えないし、甲谷さんの介助をする。

一方で自己実現的なことはアートみたいなところでやりながら、でもそんなこと一日やってたら疲れるから、半分そういうのをやりながら、そうじゃないところで人の言うことを淡々と聞くという仕事をする、そういうバランスもいいと思って。アーティストが夜とか昼とか介助の仕事をして飯食いながら、やりたいことをやる。そういうことができちゃってるんですね。こういうことはずっと前住んでいた東京でもありましたね。

もちろんそれは介助の仕事に限りませんけどね。こちらの大学院生に清掃の仕事のバイトを始めた人が最近いて、清掃の仕事いいよねっていう話をその院生としてて。そういう黙ってできる仕事って、嫌いな人は嫌いかもしれないけど、いい人にはいいんですよ。で、清掃の仕事と、ケア、介助の仕事って違うってみんな思うかもしれないけど、でもなんだろう、主体性を殺せる、黙ってでき。実は、介助の仕事はもうすごい大変なこともあるんだけど、そうでもない時もある。

ひょっとするとこれは、世界的にそうであるわけではなくて、わりと日本的な出来事なのかもしれないなって思います。制度がない、お金のない人は人を雇えない、終わり、死んじゃいました、みたいなことは世界中で起こっています（164頁）。他方、お金のある人が、自分のお金で、移民とか、外国からの安い労働者を使って介助をまかなっているっていうところもけっこうあるんです。やりたくてやってるわけじゃない、しょうがなくて金稼ぐためにやってるという、そういう人たちがケアワーカーの仕事に就く。いわゆる先進国、米国とかでも、それから途上国と言われるところでも、世界的には普通なのかもしれません。

ただ、京都であるとか、東京にも私いたことあるんですけど東京でも、けっこういろんな、多様な層が入っては、入って留まり、留まってやがていなくなる。でも中には、30年、40年って続いている人もいる。そういう世界、介助者の世界があったりするんです。これってそうそうどこでも実現してるってことではない、日本のなかでもね。ただ、僕は世界のことなんか何も知りませんけど、そういう変なっていうか、あんまりないかもですね。そういうカルチャーというか現実があるんですよ。これは世界に誇っていいことであるかもしれない。だから京都、意外といいなって、ほめることにしようと、このごろ僕は思っています。

これは田舎に適している

ここで紹介している制度やそのもとになった前の制度を含め、始まって広がっていったのは、大都市、もっといえば東京都の一部であったのは事実です。田舎じゃ難しいという話は今でも聞きます。ただ、実際にはそうでもないというのが一つです。そしてもう一つ、これは地場産業です、成長産業ですという話をします。

まず、実際、人口が1万人とかいない島、離島ですね、そういうところでもこの制度を使っている人たちはいます。そのためのお金の4分の3はその市町村からではなく、国が2分の1、都道府県が4分の1を出します。だからこれはお金が相対的にあるところから相対的にないところへの移転・移動ということでもあります。

そしてそのお金は、必ず地元に住む人に、一人ひとりに、毎日とか毎月とか、ほぼすべてが人件費なんですから、全部が直接に渡ります。そしてその人が、多くをその地域で消費します。他の産業が盛んになるのはよいことでしょうけど、そう簡単なことではありません。農業・漁業が繁盛しなくなった後、道を造ったり建物を建てたりする土木工事系の公共事業もひと段落して、道路や建物のメンテの仕事は大切でそれはいくらか残るにしても、あまりすることがありません。比較して、介助産業はそうわるくない産業です。結局うまくいかない可能性の高い産業に比して、この介助という仕事での生産・消費は確実です。人はいます。仕事があればその土地にとどまりたい人、田舎に行きたい人はいます。そしてその仕事を必要とする人がいます。

過疎地とか限界集落とは、すっかりもう誰もいなくなったところのことではなく、1人でも2人でも、まだ少しでもいるところのことです。そして、その人たちがその場所にいたいのであれば、い続けることが可能であるように、ずっと世話をする。介助を要する地元の人たちが死に絶えるまでやればいいんです、その時まで。人間、そう簡単に死に絶えませんから、もつ、だいぶもちます。

貯蓄と消費のどちらが歓迎されるかは、時世や状況によりますし、経済についての理論にもよりますが、今はすぐに使うほうがよいとしましょう。この仕事をする人の多くは、収入を消費にまわすでしょう。介護・介助（加えれば医療）のことが心配で私たちはお金をがんばって貯めているわけですが、それを全部自分で、その時になってまかなう必要がなくなれば、無理してそのために貯める必要もなくなります。

以上、たしかにあまり派手な話ではありません。しかしそれでいいんです。うまくいってテレビに出たりする「地域振興策」といったものは、他でうまくいかないから目立っているわけで、たいがいはそううまくはいきません。その中でこれは、確実に必要とされ、いろんな人ができ、他の仕事と兼業もできます。よいと思います。

第 3 章

制度を使う

介護保険の他に一つ、二つある

日本のホームヘルパーの種類は大雑把にいうと二つあります。ちまたでホームヘルプとか在宅介護とかいう言葉でみんながすぐに思い浮かべるのは、公的介護保険のヘルパーだと思います。実際、利用者も多いし、お金もいっぱい使われているのはこちらの制度です。2000年に始まりました。皆さんも、自分の親とか、おばあさんおじいさんとか、あるいは配偶者とか、介護保険を使っている人は身近にもけっこうたくさんいると思います。それでなんとなくイメージがつかめている、使い勝手というか、どんなものかっていうのを知っている人もいると思います。

みなさんがこの2日間の研修と3時間の実習受けてできるようになるのは、この介護保険という、国民の誰もが知っている巨大な制度のもとでの仕事とは違うんです。「障害者総合支援法」という法律があり、この法律の中にもヘルパーの制度があって、そちらのほうです。さらにその中に、略して「重訪」と言われる制度があります。他にもありますし、その前はどうだったかとなるとさらにややこしいのですが、ここでは省きます。

細かいことを省きます。研修3時間と実技7時間（基本課程）を受けると、障害程度区分4、5の重度訪問の介助ができます。さらに7時間の講義を受け（追加課程）、加えて看護師等の指導のもと利用者のところで3時間の実地研修を受けると、医療的ケアが必要な障害程度区分6の人の介助ができます。重度訪問介護資格だけ取得したい人は基本課程だけ受講も可能、基本課程を既に修了している人は追加課程だけ受講することもできます。

喀痰《かくたん》吸引等の認定には、これとは別の研修の受講が必要です。第1号、第2研修は50時間の講義他の長い時間を要しますが、第3号研修は9時間講義・演習と実地研修。重度訪問介護と第3号研修を同時に受講できる計20時間半の「統合課程」もあります。

詳しいカリキュラムはサイトに載せておきます（23頁）。それで今日のは「統合課程」、初日の1コマめの「重度の肢体不自由者の地域生活等に関する講義」2時間で、私の担当です。基本課程＋追加課程の研修の時もあります。そこでも同じコマを担当しています。

介護保険のヘルパーも資格を取ればできるようになりますが、短くても1カ月はかかります。普通に考えたら、研修期間に差があるって、不思議です。簡単に言うと、重訪の前身に当たる制度の時から、そもそもなんの資格も研修もなくて、利用する側が介助者を集めてきて、自分でやり方を教えて、できるようにさせてきたんですね。その人たちは、へんなことを学校で教わってくるよりこのほうがずっとうまくいく、実際うまくいっている、制度が変わってもそれでいいじゃないかと主張したんです。ただ、それは行政との関係でそのままは続かず、短い期間の研修ということだったら受け入れるしかないかなということになり、こんな形になったということなんです。

そしてさらに、いわゆる「医療的ケア」については、とくに看護の人たちが、これは自分たちだけの仕事だと言い張って、じつに非常にすったもんだがあったんですが、その末にヘルパーに認めるということにはなり、さらに、看護業界は看護師が指揮指導する長い研修を主張したのですが、それはそれとして1号研修・2号研修として認め、それとは別に、いま3号研修としてある短いものも認めさせるという妥協の産物でもあります。

なんで介護保険と総合支援法〜重訪の二つがあり、なんで今日は後者の研修を受けてもらうのかには、まずまず複雑な事情があります。筋論だけを言うなら、制度は一つでいいんです。そして、統合という話もずっとあります。けれどもそれは、今の介護保険がそのままである限りは絶対にすべきでない。理由は単純です。介護保険が使えないからです。

介護保険には「要介護認定」があって、5段階ですか、判定されて、それでたくさんサービスが使えるものから、そうでもない、さらには全然使えない、とランク付けされます。

それで、今日は介護保険の話ではないので、その話は3分ぐらいにしておきたいんですが、この認定で一番重い判定が取れたとしましょう。お金にすると、月三十何万円とかそういう額です。その額だけ見るとそこそこな感じがします。ただ、デイサービスとか、ショートステイとか、あるいは施設入所とか、そういうのだとまただいぶ違ってきますけれども、仮に在宅の生活を続けたい、そのために訪問介護を受けたいということになると、一番重い等級になったとして、どのくらい使えるかというと、最大1日2時間くらいだと思います。デイケアとかで日中どっかに行ってみんなで時間を過ごすというのでなければ、いわゆるホームヘルプの場合、30分ぐらいとかが多いですよね。30分ぐらいいて、ばばばって、やらなきゃいけないこと、台所とかいろいろやって、それで慌ただしく帰っていく、次の仕事場に行くっていう、そういう仕事です。慌ただしいっちゃ慌ただしい。最も長くて1日2時間ぐらい。月に30万円以上出ている人でも1日2時間っておかしくないかと思われると思います。その理由はあとで説明します。

24時間

もちろん1日2時間で足りればそれはそれでよいのであって、文句はないのです。ですが、世の中そういう人ばかりではなく、最大、1日は24時間、24時間365日必要な人もいます。そんなにたくさんいるわけじゃないですけど、います。24時間でなくても8時間、16時間、起きている時間は必要という人がいます。

介護保険は基本的に時間がまず圧倒的に少ない、足りない、目いっぱい使っても足りないということがあります。やれることも、これは制度的には微妙で、やってやれないことはないんだけれども、痰の吸引とかそういうところまでやってる事業所は大変少ないということもあります。つまり、介護保険のほうは、障害が重くてたくさんサービスが必要な人が使えないということがあるんですね。それで、利用者の側からいえば、こっちの制度では足りないんで、使えないんで、もう一つがいるよね、ていう単純な話です。で、介護保険よりマイナーなんだけれども、利用者にとってみれば使い勝手がいいこちらの制度を使うっていうことになる。この制度は、常時に近い長い時間のヘルプ、介助が必要な人に対して介助するというものです。最大で毎日24時間つきそう重度訪問介護のヘルパーが利用できます。同時に2人のヘルパーまで。外出時や旅行中の介助にも使えます。

24時間ってどういうことなの?と思う人もいるでしょう。しかし夜中も、夜寝ている時も、痰の吸引ってものが必要な人はいます。そのテクニックの基本を今日明日習います。

そういう必要がある人は、痰が詰まっちゃうと息ができなくなって死んじゃいますから、それは困るわけで、そうすると何十分に1回とか、吸引しなきゃいけないわけです。たとえば、一番わかりやすいのでは、そういう人が24時間っていう時間が必要になります。

介護保険のほうが単価は高い

介護保険は保険で、重訪は基本的に税金でまかなわれてます。ただ、そういうお金の種類の話は、介護保険についても実際には税金からかなり支出されていることだけ言って、今日は措いておきます。どちらも、どういうことをしたら何点っていう点数になる。1点いくらかは地域によって微妙に違うんですが、だいたい1点10円という計算です。税金や保険で政府がお金を集める。事業所がした仕事の量を点数に換算して算出されるお金を事業所に渡す。事業所がそこに働いている人に、事務経費やら管理経費やらを差っ引いた上で渡す。簡単に言ったらそういう仕掛けです。

時間当たりのお金でいうと、介護保険のほうが単価はいいんですよ。1時間なら約6000円、2時間だと時間あたり4000円弱。それに対して重度訪問の場合は、仕事の時間によって少し変わりますが、1時間約1800円。介護保険の3分の1弱です。

すると、事業所にとっては、ヘルパーに同じお金を払うんだったら、介護保険のほうが重訪よりもお金がいっぱい入るから、おいしいってことになる。それで、介護保険の事業所のほうが多く、重度訪問の事業をやっている事業所が少ないことの、いちおうの説明にはなるんです。ただ、意外とそうでもないっていう面もあります。というのは、介護保険は、さっきも言ったように、ぱっと行って、ちゃちゃっとご飯の支度をし、替えるものを替えて、帰っていくみたいな。30分単位ぐらいで回っていくわけです。働き手も、1回30分、1時間、長くて2時間、そんな感じで行ったり来たりしなきゃいけないわけです。事業所の側は、いろんなところを回る人を組み合わせて、派遣する。調整してもあいだの時間は当然あく。移動する時間とか、待機する時間とか。そういう仕組みなんです。そうすると、1時間6000円のお金が出ても、そういういろんなコストをすべて差っ引くとそんなにヘルパーに払えない、ということが出てくる。

他方、重度訪問で事業所に渡るお金は、介護保険に比べて少ない。けれど、多くの人が長い時間使う。いっぺんに8時間とか、2人交代で1日16時間とか。3人で24時間という人もいる。そうすると、事業所もより大きな割合のお金をヘルパーに渡すことができます。1人の人に続けて8時間働いてもらうということになれば、事業所が1時間当たり受け取る額は多くなくても、かける8、かける週5日分みたいな、そういう計算ができる。そんな制度なんですね。うまく回転させられればっていうか、事業を経営できればやってやれないことはないんだけれども、そういうことも含めて、この業界であまり知られてないということがあったりします。

そして働き手にとっては、利用者のところに行って8時間ずっと働く。それなりの時間働いて、かける時給だから、それなりの額になるということはあるじゃないですか。それでまあ、まずは暮らしていけるという人も出てくることになります。

それにしても、事業所が受け取るのが1時間1800円では、せめてそれくらいにはしようと言った（第1章・31頁）1500円を、事業所はヘルパーに払えません。だから、増やすべきであり、そしてそれは単純に時間500円を上乗せすればすぐにもできるのだから、すべきである。それがさっき言ったことです。

専門家も知らない、から

実は私も利用者の関係者になりつつあって、病院・施設で、医療ソーシャルワーカー、MSWと略しますが、そういう職種の人なんかと話したりすることがあります。僕のこと、ちょっと制度のことを知っている人だなと向こうは思ったらしいんですが、制度の話をしたら、「はい、二つ制度があります、ただ基本的には介護保険優先ですので、こっちを使ってからこっちということになりますね」と言われました。優先順位のことはまた後でお話ししますが（85頁）、そのぐらい知っていれば、病院のソーシャルワーカーとしては、たいへん上等なほうです。

制度があること自体、多くの自治体の職員、相談員、ケアマネージャーなどは知りません。まったく知らないか、すごく大雑把にしか知りません。ケアマネージャーって、基本的には介護保険のケアマネージャーですから、介護保険のことはまあよく知っている。それが仕事だからね。それで給料もらっているんだから知っていて当たり前なんですけれども、重訪のほうは知らないか、知らないに近いです。そういう専門家、というかそういう職業の人が知らないわけだから、普通の人が知らないっていうのはもっともで、不思議なことじゃないんです。というか、知っていると思っている人から、介護保険の他に制度はないとか、障害者の法律でもこれだけのものしかないって言われたら、そう決まっていると私たちは思うはずで、それ以上調べたりする気にもならなくなるじゃないですか。

こういう状態はよくないってずっと思ってきました。どうしてこんなことになっているのか、なぜ知らないのか。単純に、「ケアマネ」と言えば介護保険のケアマネ（でしかない）ということがあります。そして、社会福祉の「本流」とは別の流れとして出てきて育ってきたという事情もあるでしょう。しかし、だからといって、今になってもまだわかってないというのはたいへん困ります。それでも、この制度を使ってきた国会議員が出てきたこともあって（163頁）、少し知られるようになったかな。さらに知ってほしいと、本書も作ることにしたのです。

まずサイトを見る

役所や「専門家」はほぼ知らないことが、残念ながら前提になるので、ただ窓口に行ってもらちがあかない可能性があります。可能性高いです。なので、残念ながら、こちらである程度のことを知っておいたほうがよいということになります。だからこれから少し説明しますが、詳しくは本書よりウェブサイトのほうがよいです。私なんかより、ずっとこの制度を広める活動をしてきた組織のほうが、ずっと適しています。

「全国障害者介護保障協議会」という団体があり、そこの「全国障害者介護制度情報」のサイトがあって、問い合わせもできます。それから、各地の「自立生活センター（CI

全国障害者介護保険協議会のFacebookより

し)」などに、ところによっては少し頼りないところもありますが、相談すると応じてくれるでしょう。だから具体的なところはそちらで、ということにします。紙の本は、頻繁にある制度の変更に対応しにくいということもあります。ですからここでは簡単にします。

ごく簡単に

介護保険では要介護認定という、マークシートにチェック入れて、コンピュータでピーッっていう仕組みでかちっと決められるわけですね。その支給の基準が厳しくなってきて皆ブーブー言ってますけれども、ブーブー言うだけのことはある、よろしくないです。ただ、文句はいっぱいあるんだけど、文句言っても誰も聞いてくれないみたいなことになってるんですよね。

障害者の法律に規定されているサービスも、だんだんとそんな具合になってきました。基本、「障害程度区分」というものに対応して決まっています。それに対して、本人が要ると言っただけ使ってよい、実際に使っただけ税金から支払ってよい、「青天井」だってかまわないんだという主張があって、私もその主張に加担してきたんです。荒唐無稽《こうとうむけい》と思われるかもしれないけれども、実はそうでもありません。かなり合理的な主張なので、それを取り下げるつもりはありません。ただ現実には基準があって、しかしこの基準では生きていけないんだということで、それを超えた個別の決定を認めさせてきたのがこれまでの歩みであって、重度訪問という制度もそもそもはそういうところから出てきたと考えてもらってよいです。

「総合支援法」で決まっているサービスはいくつかあるんですが、いわゆるホームヘルプサービスに当たるのが「居宅介護」です。最初は厚労省の文書を読んでもよくわからないんですが、誰にどれだけ支給するのかについて、厚労省は基準を作ったほうがいいよといったことを言う、そして市町村が決めることになっているんです。ただそのうえで、これもよくわからないんですが、厚労省はその「居宅介護」の「支給決定基準」は示していて、それは最も重い区分6でも月１９００分です。つまり、１日１時間すこしです。

「これじゃあなあ」と思ってしまいます。そしてこういうふうに示される「相場」がこんなもの、となると、「重度訪問」で1日8時間とか24時間もありとかいうのは、桁が違うわけで、なんかわけがわからんと思われても仕方がないのかもという気もします。ただこの「居宅介護」にしても、決めた基準以内でということでは必ずしもない――次に出てくる「定型外」がある――ことは付け加えておきます。

さてその重度訪問介護ですが、利用条件は障害程度区分4以上。両手両足のうち2肢に障害があるか、重度の知的障害がある、など。このことは厚労省の通知に書いてあります。ただ、「居宅介護」の月1900分といった数字に対応する数字は同じ通知には書いてありません。さきに名前をあげた全国介護保障協議会が、厚労省と交渉して、個別に対応すべし、基準は上限を設定するものではない、24時間もあり、といった文書の類を幾度も出させて、実際の水準と運用を実現してきたのです。そこで、協議会の側の説明を次節でそのまま使います。

解説

以下は、私たちのサイト（23頁）の「重度訪問介護（重訪）」のページにある「Q＆A」の答えの一部です。このページには、介護保障協議会とその関連団体（93頁）で長いこと仕事をしてきて、このQ＆Aも作成した大野直之さんの『訪問看護と介護』（医学書院）での全6回の連載「24時間365日のつきっきりも実現する　あなたの知らない重度訪問介護の世界」の全文にもリンクさせてありますので、こちらもご覧ください。

最大で毎日24時間つきっきりの重度訪問介護のヘルパーが利用できます（同時に2人のヘルパーまで）。吸引や胃ろうの介助も受けられます。外出時や旅行中の介助も自由に利用できます。［…］

◇1　支給決定基準内

障害支援区分6の場合は、重度訪問介護なら1日8時間くらいまで（市町村により若干上下します）が一般的な市町村の支給決定基準となり、支給決定基準以下の利用の申請でしたら申請後1週間から2週間程度で決定されるのが普通です。

◇2　非定型

支給決定基準を超えた長時間のサービスが必要な場合は、非定型のケースとして細かなニーズを説明して申請する必要があり、審査会での意見を市町村が聞いて決定します。この場合、決定までに1ヵ月から2ヶ月かかる場合が普通です。長時間の非定型の決定がはじめてのケースだという市町村では、さらに時間がかかることもあります。

非定型の場合は毎日24時間2人体制等の支給も可能です。1ヵ月1400時間の重度訪問介護の決定を受けている人もいます。厚生労働省は非定型のケースには上限を設けてはいけないとしています。必要な人に必要なだけのサービス提供を行う責務が法律上市町村に課されています。

重度訪問介護の利用条件は区分4以上で、両手両足のうち2肢に障害があるか重度の知的障害などの条件があります。非定型のケースの多くは区分6以上です。

重度訪問介護の1時間単価は身体介護の4割程度ですので、身体介護のように1時間や2時間といった短い単位での利用は事業所が赤字になってしまうため、利用することが困難です。

基本的には連続8時間勤務のヘルパーが1日3交代で24時間の介護を行うことを前提に制度設計されています。

このように言えるその「もと」の行政文書はなんだとか、「支援区分」?、「支給決定基準」?、「非定型」?と調べ始めると、けっこう手間どります。私たちのサイトと本書の電子書籍版(23頁)には、いくらか厚労省の「通知」であるとか、「もと」の行政文書など集めて整理し、掲載してあります。交渉して、そういう文書を出させて、「実績」と

「実態」を作ってきたという動きがあってのことです。ですから、その具体的なところは、長いことそういう交渉にあたってきた民間のほうがわかっている、他方、とくにこれまでやってこなかった自治体はわからない、そういうことだろうと思います。

介護保険との関係

また、65歳以上の人（と幾種類かの障害のある人）は介護保険の対象になるということで、そして介護保険が優先で、それを使ってから障害者用の制度を使ってくださいと言われることもあります。ソーシャルワーカーでそういうことを知っている人は上等なほうだと言いました（78頁）。たしかに基本そうなのではあります。ただ、杓子定規に常にそうじゃなきゃいけないとはなっていない。これは厚生労働省の通達とかでも、基本そうだけれども例外もあるよ、と。そういうところは柔軟にやってちょうだいというようなことを、その自治体の担当の部署に通知したものがあったりするので、制度が二つあってまず介護保険を使いきって、その後に次を、というのは基本的にはそうなんだけれども、必ずしも常に介護保険優先じゃなきゃいけないということにはなっていません。

介護保険で足りない場合の「併用」は可能です。ならそれでよいではないかと思いますが、そうでもなくて、利用者にとっての不都合は、一つ、短い時間の介護保険を計画に組み入れる必要が出てきて面倒なこと。もう一つ、自己負担の基準が双方で異なっていて、総合支援法では上限が3万7200円ですが、介護保険のほうは収入によっては3割負担ということになります。ただ、前者については、両方の制度でのヘルパー派遣をしている事業所にうまく調整してもらうといったことは可能です。後者は、収入がなければ、実際には負担なしになります。

ちなみに、市の窓口に行くと、だいたいうちはお金がないって言われるんだけども、こういう事業はたいてい国が半分お金を出すんです。加えて、京都市とか大阪市とか政令指定都市はまた違いますが、普通は都道府県が4分の1、市町村が4分の1です。そして、さっき国のほうでよくわからない時間数を示したりはしてましたが、それと関係なく、市町村がここまでやるって決めれば、どうのこうの言わず、国は2分の1を出さざるを得ないという仕組みなんです。これは、お金がある地域から、ない地域にお金を移して人を雇うこと、地方で産業を興すことだと言った（66頁）のは、そういうことでもあります。

交渉がいる、こともある

私が京都に越してきたのは２００２年です。京都はその頃はしょぼかったんです。重度訪問の制度そのものがあまり使われていなかったし、それから利用できる時間数が少なかった。１日要らない人は要らないんで、長いほうがいいって私は言ってないです。ただ長い時間必要な人は必要なんです。しかし当時は、必要な人も長い時間使えてなかったんです。２００４年にＡＬＳを発症した、西陣のあたりに今住んでる甲谷匡賛さん（64頁）が、制度を長い時間使えた最初の人になります。

甲谷さんは、身体系っていうか、舞踏、体を動かして、踊って、パフォーマンスっていうかアートっていうかする人たちの体をみてあげるっていう仕事をしていたんです。それで、そういう知り合いがいっぱいいて、比較的時間が自由になる人もいて、そういう人たちが最初ボランティアみたいな形で入ったんだけども、でもやっぱ24時間３６５日いるから、たいへんだと。これはどうかしないとだめだってことになって。それで、彼をサポートするいろんな人たち、舞台プロデューサーの志賀玲子さんとか、舞踏家の由良部《ゆらべ》正美さんとか、京都新聞の岡本晃明《てるあき》さんという記者とかね。岡本さん経由だったのかな、私も少し関わることになって。私、制度が使えないはずはないといったおおざっぱなことは言いましたけど、具体的なことはわかりません。東京で制度使ったり事業をやってる人、当時、私の勤め先の大学院生でもあった川口有美子さんとかに教えてもらったりしました。

2008年の1月、京都市の市役所に、甲谷さんが先頭で、そこに彼の支援者がついて行きました。僕も後ろのほうにいました。そして、市役所の障害福祉課長さんに直談判しました。やっぱり現物がいるっていうのは強いもので、見たらこれどっこも動かないよってのわかります。わかるというか、それが現実そのものなわけです。一気にあのときの交渉で、というだけではないのですが、甲谷さんは24時間介助を使えるようになりました。その甲谷さん、今でもよく京都の街中のお寺巡りとかしてます。

そして、役所というのは基本的に先例主義なんで、つまりいっぺんそういうケースが生まれると、同じような条件の人については、同じだけ出すということになるんです。それはよいことでもあります。最初の人は大変ですが、2人目からはそうでもない。

今日、あとでレクチャーをする人たちの何人かも関係した杉江眞人《まさと》さんもALSの人だったんだけど、なおかつ彼の場合は家族と別れて単身だったし、甲谷さんの時みたいにボランティアベースでしばらくは持つということもなかった。やっぱり要るものは要るっていうんで、2人目はわりと簡単に通りました。杉江さんは、甲谷さんのだいぶ後のような気がしていたんですが、そうでもないですね。発症は甲谷さんと同じ2004年、私たちが知っている借家に越してきたのが２００８年の10月ですから。その家は私の勤め先の大学のすぐ近くにありました。大家の酒屋さんがいい人で、安く貸してくださったんです。杉江さんは２０１３年に亡くなりました。ＡＬＳで人は死にません。ガンで亡くなられました。

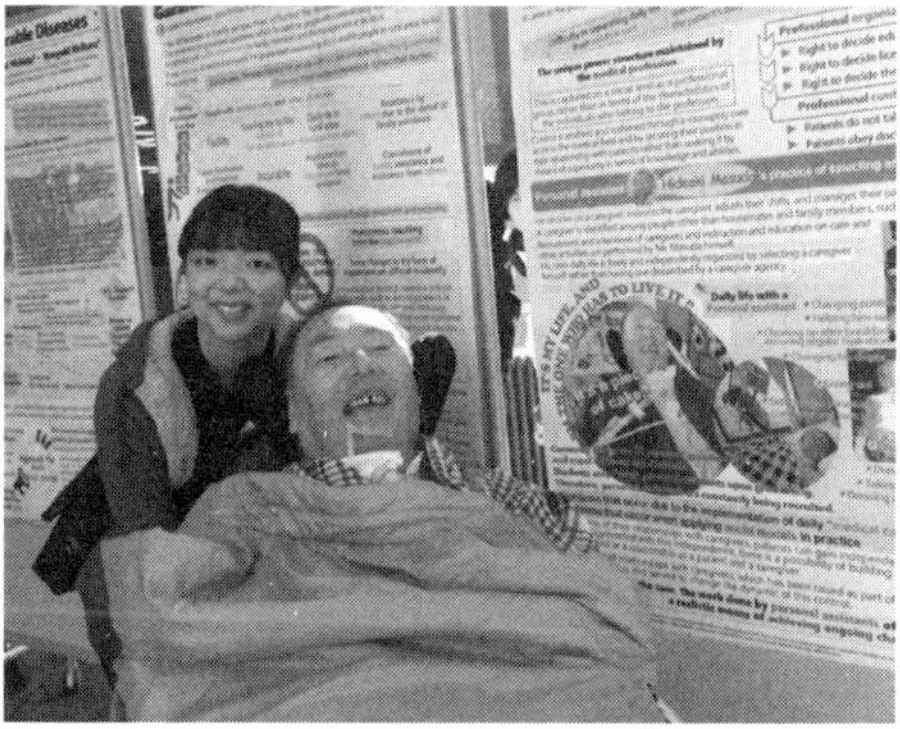

増田英明氏、韓国での障害学国際セミナーで報告

　そして私たちが今つきあいのある、そしてこの講習でも講師をしてくれる増田英明さん。やはり発症は２００４年。支給が24時間になったのは２０１２年だそうです。私、こういう間隔だとか、前後関係とかけっこう勘違いしてますね。記録残しておかないとだめですね。その辺についてはユさん（61頁）が論文・博士論文を書いてくれると思います。

　京都はそういうふうにして、かつてはそうではなかったんだけれども、そういう人たちが出てきた。交渉したのをきっかけに、時間が延ばせるようになりました。

不思議といえば不思議なんだよ。交渉しないと出ないのかよって。それはよいことではありません。交渉力が強いかとか、役所にどれだけの理解力があるかとか、そういうことによって左右されるというのは困ったことなんです。そうなんですが、さっきも言いましたように（81頁）、制度の「相場」からいったら例外的なものをなんとか認めさせて、そして定着させるという道のりでできた制度なので、こういうことになっています。

弁護士たちも支援している

自分で交渉しないといけないというのは、そりゃしんどいと。昨今、まだ10年経ってないでしょうか、起こっていることとしては、法律家、弁護士ですね、が、わりと協力的になりつつあります。本人と役所が交渉するといっても、気の弱い人、気が小さい人もいる。面倒だし。いろいろな事情があるわけだ。そういったときに、ここのところ、弁護士たちがネットワークを作って、時間を増やすとか、そういう活動をしてくれています。「介護保障を考える弁護士と障害者の会全国ネット」というのがあります。われわれのサイトにもそのページはあって、そこから全国ネットの事務局のホームページにもリンクさせていますから、見てもらうことができます。また、このネットの代表者藤岡毅さんと、和歌山訴訟の弁護も担当した長岡健太郎さんの『障害者の介護保障訴訟とは何か！――支援を得て当たり前に生きるために』（現代書館、２０１３）、介護保障を考える弁護士と障害者の会全国ネット編で『支援を得てわたしらしく生きる！――24時間ヘルパー介護を実現させる障害者・難病者・弁護士たち』（山吹書店、２０１６）が出ています。

和歌山で、やはりＡＬＳの人が裁判に持ち込んで勝ったことがあります。２０１０年に提訴、２０１２年に、24時間は少し切ったんですが、出せってことを裁判所が和歌山市に命じるという判決が下ったことがあります。これはかなり報道もされて、弁護士たちがこの件に関わるきっかけになったところもあるかと思います。

ただもちろん、裁判は普通はしんどいです。役所の窓口に行くよりずっとしんどいでしょう。ならば勘弁、と思うかもしれませんけど、この裁判で勝ったということもあって、裁判までもっていかずにすんでいますね。今は多くの場合、弁護士が介在するといっても、裁判まで持っていかれることは少なくて、というかほぼなくて、弁護士が役所と交渉するというか、この人はこれだけいるんだから出してくださいよってことを言う。そうすると、東京とか大阪とか、弁護士なんかたくさんいて慣れてる役所は弁護士バッジぐらいじゃあんまりびびらないんだけれども、地方に行くと、弁護士ってのはまだちょっとは偉いっていうか、そういう職業のようで、わりと話を聞くっていうようなことがあるらしくて、ここ数年は弁護士が入って交渉するというようなことになっています。

私が知っているところでは、2017年の10月、古込《ふるこみ》和宏さんという筋ジストロフィーの人が、昔は「国立療養所」(168頁)と呼ばれた病院＝施設の一つ、金沢の「医王病院」を退院する時に、それまで金沢市ではまったく使われていなかった重訪の制度を使えるようにしなければならなかったんですが、その時には、宮本研太さんという弁護士さんが活躍してくれて、むろんそれだけでというわけではないですが、使えるようになりました。写真は退院した後のものです。

1枚は、古込さんは囲碁がたいへん強い人なんですが、オンラインで囲碁をやってる写真。介助者が代わりに盤のところにいます(写真上)。もう1枚は、彼の居室で、支援にあたった日本自立生活センター(102・170頁)の小泉浩子さん、段原《だんばら》克彦さん、そしてメインストリーム協会(170頁)の井上武史さんと話している写真です(写真下)。

そしてこの弁護士たちのネットワークと、全国障害者介護保障協議会(80頁)、そして運動体としての協議会と連携し情報提供・相談を担う「障害者自立生活・介護制度相談センター」とは連携して活動しています。普通には、弁護士に相談に行くのだって十分に敷居高いですが、協議会・センターに相談し、場合によっては弁護士さんに、という具合につないでもらうということであれば、お金についての自己負担もなく相談することも可能で、そうたいへんというわけではないです。

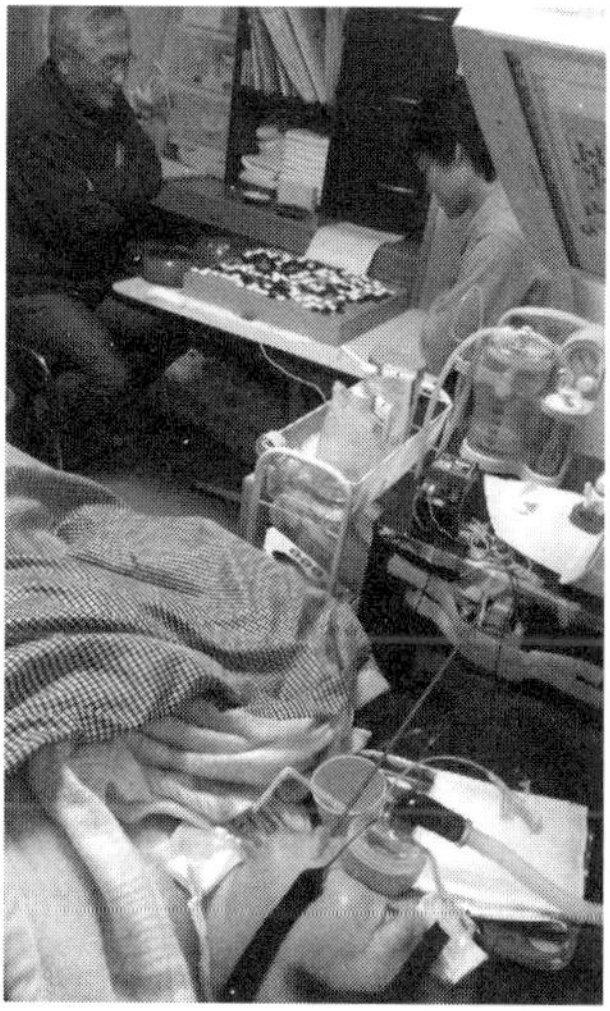

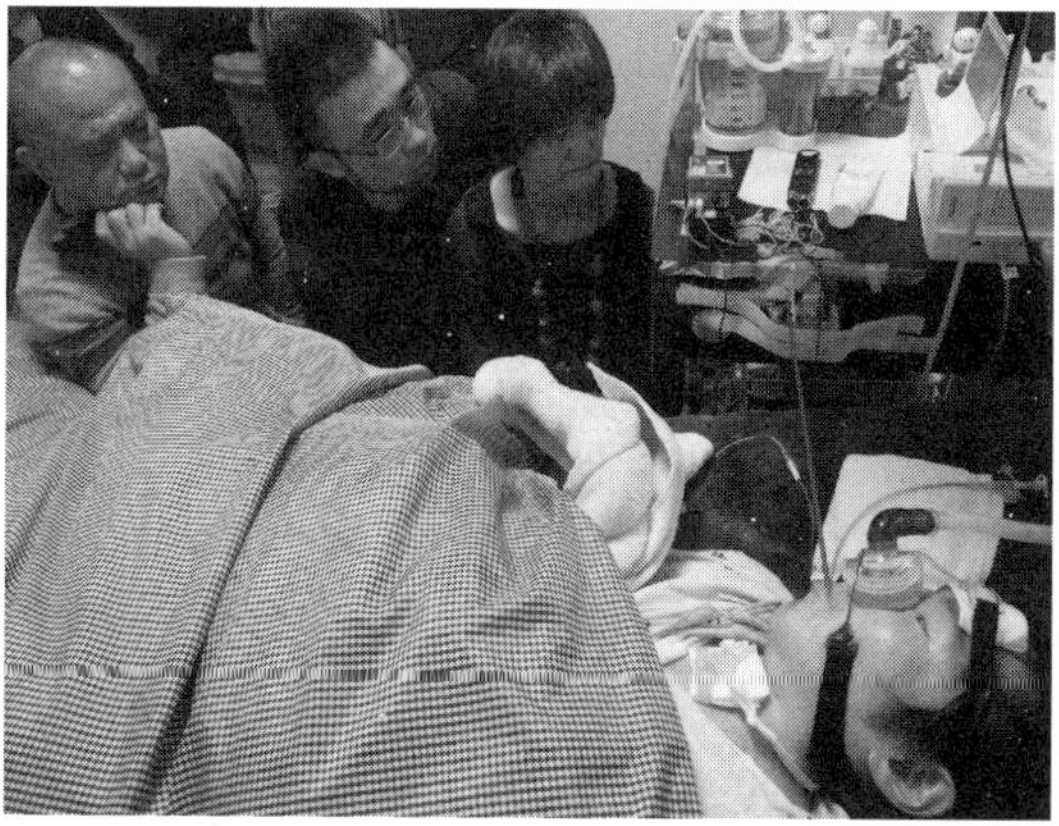

いちおう押さえておくということ

以上、介助が必要な側、ヘルパーを使おうという側から、制度のことを説明しました。働こうという側の皆さんは、言われた通りにただ働くということも一つあるんだけれども、ただ、この制度そのものがそうやって交渉したりなんやかやして、作られてきて、いわば勝ち取られてきたものであって、あるいはそういうことがないとできなかったっていうことは押さえといてもらってよいことだと思います。

あるいは、この人だったらこれだけほんとは要るよね、だけどないよね、少ないよねっていうことがあります。やっぱ京都府でも、京都市とたとえば舞鶴とかね、京都市じゃないところはいろいろ違うわけですよ。そのときに、制度がよくなるよう支援する。でないと自分も働けないし、あるいは、本来それを利用できるはずの人はそれを使えない。こういう制度でもあるっていうことは押さえておいてください。そして介助者はそういう交渉の場に本人が行く時の介助者でもあるわけです。2008年の京都市との交渉の時（88頁）にも、もちろん介助者たちがいました。交渉ごとは基本、本人たちに任せておけばいいんですが、でも、介助者も、ちょっとにらみつけるぐらいのことはしてもいいよね。

第4章
組織を使う作る

複数あってよいとなると民間もよいとなる

いまは、介護保険にしてもそうでないほうにしても、大きいのから小さいのまでさまざまな民間の事業所からヘルパーが派遣され、それを使う、またそこで働く、というかたちになっています。税金、そして自己負担というお金が、だいたい政府を経由して事業所に行く、そこからヘルパーに払うという仕組みです。

ただこういうのばかりではなく、日本でもいっときはヘルパーを公務員に、そして常勤の公務員にしようという動きもあり、その「公務員ヘルパー」がいくらか実現されたこともあります。それは一つに、ちゃんと雇用が保障され給料が払われればですが、労働条件がよいということがあります。もう一つ、自治体なりが派遣する責任をもつということになれば、その自治体にむらなくくまなく派遣される、その「可能性」があります。

ただまず、すくなくとも民間がやってもよいということにはしたほうがよいでしょう。「参入」を断る理由はないということです。組織が複数あれば、利用者はよいほうを選ぶこともできます。働き手にとってもそのことは言えます。だから、民間の参入はあってよい、となります。とすれば、それを認めたうえで労働条件をよくしましょうということになります。実際には、「民間委託」が他の業種でも進んだのは、お金を払う側、雇う側からいえば、そのほうが安いからということがありますから、民間を認めながら、同時に、民間委託を促したその流れとは逆の、待遇改善の方向に進むということです。難しそうです。しかしそれをすべきだし、実はそんなに難しくなくできるし、すればよいと第1章（31頁）で言いました。

そして、70年代80年代に役所が派遣してくるヘルパーの介助を使って暮らす人たちが経験してきたのは、なんかヘルパー偉そうで使いづらいってことでした。やってあげる、というか。本人のことを知らない、でもやって来る、やって来る以上は断れないし。みたいななかで、役所から直接に派遣されてくるタイプの人じゃうまくいかないなという体感、実感みたいなのがありました。かと言ってその人たちは公務員を否定したわけじゃない、自分たちにとってよい人を公務員にということも言ったんですけどね。ただ、選べる可能性があるというのは基本的によいことです。そして、役所という一つの組織に複数の独立した組織があるというのもちょっと変ではあります。だから、民間はあり、そのうえで、必要が満たされていない場合にはそれを満たす責任が政治にある、そんなところが目指すべきところということになります。

現状では、労働条件はよくはないが、民間が担っています。介護・介助の仕事をする大きい会社もありますよね。前はコムスンという大きい会社があったんですけど、そこは不正を働いてしまい、仕事ができなくなって、ということもありました。今でもニチイ学館とかベネッセとか、支店を全国津々浦々に作ってという大きなところもあります。他方、「自分一人のために自分一人で」（105頁）というところもあり、様々です。

組織の形態としても、NPO法人（特定非営利活動法人）、社会福祉法人、医療法人と、いろいろあります。法人格持たず任意団体でもやってやれなくはないです。ただ、だいたい今は法人取るかな。非営利だから非営利でいいやって、NPO法人ていうのもありますし、べつに儲けたいわけじゃないけど、ちゃちゃっと作ってしまうのには会社組織のほうが楽だってこともあるみたいで、会社にしているという人たちもいます。法律的に有限会社ってものがなくなったこともあって、合同会社という形で始める人たちもいるようです。

自立生活センター＝CIL

民間組織が担ってもよいとしました。しかし、社会福祉協議会であるとか、既存の医療法人であるとか福祉法人であるとか、そうしたものに任せておけばそれでいいかというと、それも必ずしもよくない。よくない場合が多いです。行政からの派遣に限らず、民間からであっても、自分たちの生き方とか気持ちとか踏まえてやってくれないという不満はある。自分たちの地域にない、あるいは、あるにはあるが、うまく動いている事業所がないことがあります。

ならばどうしようかって時に、「自分たちがやりゃあいいじゃないか」と思いついたんですね。障害を持ってる人たち自身が組織を作って組織を経営し、利用する人と働く人を登録して、そしてその間を取り持って、調整し、お金のやり取りもすると。そして、国から出るお金からヘルパーに渡るお金を引いた額、その額を使って組織を回していこう、そういうふうになってきた。

日本では、「自立生活センター＝ＣＩＬ」と呼ばれる組織がそういう仕事をやっています。ＣＩＬは、障害者自身が作る組織で、経営する組織です。「Center for Independent Living」という英語の略で、言葉の発祥は米国です。そういうものがあると聞いて、日本でも作ろうという動きが出てくるのが１９８０年代のことです。この組織は、代表は障害者でなきゃいけない、事務局長も障害者じゃなきゃいけない、理事会の過半数も障害者で

安積純子他『生の技法』（生活書院、2012）

なければならない、そういう掟で動いています。

そして障害者の権利擁護、地域生活・自立生活のために活動する。そこで、「自立生活プログラム」だとか、「ピアカウンセリング」だとかが大切な仕事だとされています。どんな具合に始まり、具体的にどんな活動をしているか、第５章（１１４頁）であらためて紹介する『生の技法』（安積純子他、第３版、２０１２、生活書院）の第９章「自立生活センターの挑戦」に書きました。これは１９９５年の増補改訂版（第２版）からある章で、もうずいぶんな時間が経っているから、本来はその後どうなったか誰か調べて書くとよいのですが、そして「スリーピース」（１０２頁）の代表でもある大学院生の白杉眞さんが博士論文でいくらか書いてくれるとは思いますが、全般を伝えるものは残念ながらまだありません。ですので、まず読んでもらうのは、この第９章ということになります。

介助者の派遣はその事業＝仕事の一部です。米国などでは、ヘルパーの名簿の提供ぐらいで、派遣・調整の仕事はやっていないと聞きます。それに対して、日本のＣＩＬは、80

年代に出てきた「有償ボランティア団体」の活動なども参考にして、当初から派遣・調整もやってきました。これは、供給が少ないなかでそれを増やす役割を果たしましたし、利用者＝「障害当事者」に使いよい介助を供給してきました。そして、ヘルパー派遣による事業収入は、全体の予算の大きな部分を占めるようになります。それによって大きな規模の事業を行なうＣＩＬも出てきます。それで、その収入を他のことに、「地域移行支援」に使うことができているところもあることを後で言いますが（１８１頁）、しかし本来は、「地域移行支援」そのものにもっと政府の予算を使うのがよいことも言います（１８２頁）。

ＣＩＬの介助は、基本的に同性介助です。「男は男、女は女」です。そういうふうに回しています。こういう組織はまあ普通ではないです。というのも、ヘルパーって圧倒的に女性の仕事ですよね。男性には男性というのは、ぜんぜん普通じゃないです。しかしそういうルールを作ることにももっともなところはあります。ですから、あえて普通じゃないことをやっている、そういう組織があってよい、あったほうがよいということです。そして、この世の介助のすべてをそうしようということでもないわけです。ただ自分のところは、こういうポリシー、掟を持ってやっているということです。たとえば男女という性別の分類にうまく適合しない人もいるでしょう。それはそれで考えてＣＩＬが掟を緩めたりして対応するほか、別の事業所を使ってもらってもよいということになります。

いま全国に120ほどＣＩＬってあるんですが、そのＣＩＬの全国組織が「全国自立生活センター協議会」＝「ＪＩＬ」（ジル、Japan council on Independent Living Centers）という組織です。1991年にできました。先日その集まりに行って少しびっくりしたのは、沖縄には四つあるんですね。一つもない県もあれば、そんなに人口がないけど四つある県もあれば、けっこうまばらっていうか、ばらばらなんです。

京都には、ＪＩＬに加盟しているＣＩＬは三つ。「日本自立生活センター（ＪＣＩＬ）」、今回の研修の主催団体の一つである「スリーピース」、もう一つは、筋ジストロフィーとか筋疾患系っていう人たちが多いという私の印象なんですが「アークスペクトラム」。以上、京都市内に三つ。京都市の上のほうにも下のほうにもあったらいいんですが、今のところは京都市内に固まっています。

このなかでＪＣＩＬは1985年にできてるんです。これは早いです。「自立生活センター」という名前をつけたということだけで言ったら、最初のＣＩＬということにされている八王子市の「ヒューマンケア協会」の86年よりも早いです。ただＪＣＩＬは長いこと、別の方向の活動をやっていたようなんです。それがここ15年ぐらいかな、京都に来てから見てますけど、スタッフが多様にもなり、ヘルパー派遣を含めかなり大きな仕事をやるようになっています。こういう、年間、3億、4億、5億というようなお金を動かしてやってる大きいCILもある。他方、規模の大きい小さいはともかく、実際にはそう動けていないCILもあるようです。

そしてもちろん、互いにおおいに違いがありつつも共通する掟を持つCILという組織以外にもいろいろとあります。この研修はいま三つの団体が共同で主催しています。

一つめは「ゆに」。佐藤謙さんという筋ジストロフィーの人で立命館大学の卒業生でもある人が始めたNPOで、佐藤さん（2020年逝去）がボスですがCILという形態はとっていません。障害のある大学生の、大学での勉強・活動を支援するのが主な活動になってます。そしてこういうことには以前は「重訪」を使えなかったんですが、いくらか使えるようになっています（163頁）。コロナのもとでのオンライン授業で字幕付けるとかの活動などもやっています。私も会員になっている障害学会のオンラインでの大会シンポジウムなどでもお世話になっています。

二つめが「スリーピース」。CILとしてヘルパー派遣をやっています。代表の白杉さん（100頁）は私の勤め先の大学院生でもある脳性まひの人なんですが、会うたびに人手不足をこぼしています。だから、いつでもOK、明日からでもOKです。「やってみてもいい」という人がいたら、どうぞ。JCILにも私のところの大学院出た人たちとか2、3人働いたりしていて付き合いがあります。ただ私を介する必要なんかなくて、連絡とって、条件折り合えれば、すぐに働くことができるはずです。三つめが「ある」、私が理事長ということになっているNPO法人ですが、ほぼ何もしてません。ただ、2021年には同じ名前の合同会社が派遣の仕事を始めます。こちらも連絡いただければと。

そしてさらに、在宅介護の派遣をしている事業所はいっぱいあります。そしてたくさん時間が必要な人の多くは、複数の事業所を利用しています。ただ介護保険だけというところも多いし、そうでなくてもヘルパーが足りなくて派遣できませんということもある。それで、一つには、この本の最初に戻って、もっと条件をよくしましょうという話になる。もう一つ、政府に求めるのと同時にですが、仕方ない、自分で組織を作ろうという人もいる。そういう具合になっています。

直接個人がという手もある

さらに、組織がどうしても必要なのかという話もあります。「自分が、政府からやってくるそのお金を直接に使って、人を雇って、それで暮らせばいいじゃないか」と。そういうすっきりした考え方もあります。ダイレクトペイメント（Direct Payment）と言ったりします。つまり、介助を使う本人に直接お金が渡り、それをその人が自分のために働く人に直接払うという、そういうスタイル、仕組みです。実際いくらか実現している国・地域もあるようです。

どこがいいかということなんですが、自分が払うことで、自分が介助者をコントロールできるところがよいという話があります。ただ、お金のもとは自分というわけではないのですから、「自分が（自分の金で）払う（から）」というのは見かけ上、ということでもあります。それでも支払う側の権限というか裁量というかは強くなるでしょうし、また、事務手数料にあたる部分を自分のその仕事の分として受け取るということもできそうです。ただ、働き手にとっては、その人が亡くなったりしていなくなったら、仕事がなくなるということでもあります。利用者にとっては、手間もかかる、面倒だということもあります。それから、政府からの支払いがきちんと管理されているのかということもあります。現金というのは便利なものですが、やっかいなものでもあって、別のところに使ってしまうことができます。不正があったり、不正を疑われたりすることがあるということです。

そうすると、自分のためだけの個人事業というかたちも含め、組織・事業所というかたちをとり、仕事や会計の実際は報告するとか公開義務があるとか、そんなところが落としどころになると思います。そういう「一人事業所」というかな、自分の介助者を集め働いてもらうための、自分が経営する事務所をやっているという人もいます。ですから、自分一人のためのものであっても、いちおう組織というかたちをとるという意味では、民間事業所でこの仕事を受けるという形態の一つということになります。また、利用者でもある人が組織を作り運営するというＣＩＬ的な組織だとも言えます。そして次に、どこまでを自分がやるかというところで、自分が受け持つ部分と、他の人に委ねる部分とを組み合わせることもできます。次にそれを紹介します。

自薦ヘルパー

組織の経営・運営がきらいでなく、むしろそれにやりがいを感じる人はそれでもよいでしょう。ただそれも面倒だ、会社や法人を作るのも、その経営とかも面倒だという人はいます。ただ介助する人は自分で集められる、あるいは既にいる、という人がいます。そして自分に必要な介助を提供してくれる事業所が近所にない。とすると、どうするか。

今の制度では、ヘルパーはどこかの事業所に所属していなければならないことになっています。以前は自治体に自分の推薦する人を登録する仕組みがあって、それを「登録ヘルパー」と言っていたのですが、今は事業所に委託するので、事業所に所属・登録するかたちになります。自分で見つけて、自分で関係を作れるならそんなものはいらないというのが、さきのダイレクトペイメントという発想ですが、事業所に任せるというかたちにも長所があることも言いました。さてその事業所がない、とくに重訪の長時間派遣をやっている事業所が近所にないということがあります。そんな場合に、募集や採用の実際のところは自分でやるのだけれども、そうして得たヘルパーを登録する組織があるとよいということになります。

そういうヘルパーを「自薦ヘルパー」と呼び、そのヘルパーの登録先を提供・斡旋する組織が「全国ホームヘルパー広域自薦登録協会」です。「広域協会」と略して呼んだりしています。「広域協会」は「全国障害者介護保障協議会」(80頁)とつながっているし、人的にも重なっています。ここに各地の組織・事業所が加盟していて、そのいずれかの事業所、あるいはこの全国規模の協会自体に、全国どこの都道府県に住んでいる人でも、自分のヘルパーを登録することができるようになっています。給料はその事業所から払うことになります。この協会もサイトを持っています。こちらのサイト（23頁）内のページからもリンクしています。自分でヘルパーを調達するといっても、既にあてがあるという人はいいいですが、これからという人もいます。その辺の方法についても相談に乗ってくれますし、教えてくれます。

こうして、「自分のために」というものから、より多くの人に提供しより多くの人に働いてもらうというものまであって、その幅の中に、組織を使う、ときに組織を作っていくということがあります。また、お金の管理の部分を自分でやる／やってもらう、人を集めて介助のやり方を教えるのを自分でやる／やってもらう、とか、自分で担う部分と、他の人・組織にやってもらう部分を様々に選ぶことができます。そういう広いレンジがある。これはよい仕組みだと思います。その仕組みが、いろいろと試行錯誤をしたり、政策がころころ変わったりするなかで、作られてきました。

管理し調整する仕事は使う人の仕事にもなる

こうした大小様々な組織には、直接の介助以外の仕事もあります。そして、最初はケアワーカー、介助者の仕事で入ってきたんだけれども、組織の中のスタッフというか、コーディネイトとか、経理・経営とか、そういう仕事をするようになっていく人がいます。この仕事は自分に適していると思って、そして／あるいは、ほかに人がいないんで仕方なく、そういう部分を担っていく。介助の仕事をする人にも月給取りになっていく人たちが実はかなりいるのですが、割合としては、こういう仕事のほうが、時間いくらじゃなくて、月給いくらの専従的な感じで仕事をする人が多いかな。あるいは、のれん分けっていうのでもないけれども、自分でそういう事業所を経営したり、運営したりっていう、そういうふうな道を辿る人もいます。

私が勤めている大学院にも、副業としてあるいは本業として介助の仕事をしている人たちがいることを紹介しましたけれど（61頁）、在学中あるいは在学する前から、あるいは後から、その経営者というか自分で事業所を作って、それを回している人がいます。利用者から始まってという人、あるいは自分の家族の介助から始まって、組織に関わり事業を始めたという人、病院・国立療養所（168頁）で働いていたが、そこでの入所者の処遇に憤り、勉強を始め、事業を始め、後者が忙しくなって退学ということになった人、いろいろな人がいます。

東京2人、それから千葉、滋賀、京都、神戸、といます。神戸の人はうまくいかなくなって、結局事業所をたたんでしまいました。だから、いつも誰でもみんなうまくいくわけじゃないんです。なかには赤字になって、赤字が膨らんでいって、にっちもさっちもいかなくなることもあります。借金を抱える人もいます。ですが、うまくいけばうまくいく。

そして、その仕事は、介助を使う人自身でできる仕事でもあります。自分のことを自分が介助する、というのはありません。それは自分のことを自分でするというにすぎません。それができないから介助が必要になる。しかし、他人が介助するその仕事を調整したり差配したりすることは、利用者である自分ができる場合があります。自分の分だけという人もいますし、多くの人に関わる人もいます。自分自身が利用者だから、その仕事をうまく果たせる。うまく、というのは利用者によい介助を提供することに資することができるだろうということです。それがそもそものＣＩＬの主張であり、自分で雇う、自分で経営するのがよいという理由にもなります。ただ、いつもそううまくことが運ぶかといえば、そんなことは残念ながらありません。

いつもうまくはいかない、それはわかったうえで、ですが、障害のある本人たちの中で、身体は動かせないが頭はくるくる動いてしまうという人は、社長・経営者に最適、ということがあります。だからそういう人については、社長業は、あまり儲けに走ってほしくはないという私からの希望を言ったうえでですが（52頁）、お勧めです。私の勤め先の大学院生だった天畠《てんばた》大輔なんかがそういう感じです。実際、経営者をしています。世界で一番障害が重い大学院生だって宣伝してきた人です。話すのだって、そうたくさんぺらぺらしゃべれる必要もないのです。基本的な方向を示して、姿勢・方針を保って、あとは「よきにはからえ」でもよいのです。とはいえ、実際には、中間管理職的な人たちは、そして社長業も、まあ零細企業ですから、なかなか忙しくまた苦労が絶えないんですけれどもね。

いったん経営の問題をわきに置けば、厄介ごとというものは、人と人の間、とくに接近した関係の間に生じやすいのですが、さらに、住む場所が変わる、たとえば施設から出てくるとか病院から退院するとか、また身体の状態が変わる、たとえば症状が進行するといったことが関わってきます。その話は本書ではできません。しかし、もちろん、とても大切です。ＣＩＬはその部分の取り組みを、カウンセリングだのプログラ

天畠氏、学位授与式で（撮影：槌谷綾二氏）

ムだの言ってやってきたわけです。一つ、それはそれで、ときには介助とは別に、ときには連続したものとして、必要で、そこに関わる仕組み・費用はきちんと得られるようにするべきだと、第7章（180頁）で話します。もう一つ、介助者がきちんと確保できているということが、この調整・介入の仕事の困難さを、けっして消し去りはしませんが、軽減するのは確かです。辞めたい人に辞めてもらえないといった、きちきちの状態で間を取り持つといったことがとてもつらいことは第1章（38頁）でも少しお話ししました。せめて人がいなくて辛くなることは減らしたい。そのためにこの講習もあり、本書もあります。

第５章
少し遡り確かめる

『生の技法』もう一度、安積遊歩

制度や仕組みが、必要とされ、獲得されてきた、その歴史の話を少しします。それで、この『生の技法』（100頁）という本を皆さんに持っておいてもらいたいのです。今日は使いません。けれども、今日使わないからわざわざ持ってもらおうというところもあるのね。長い本で、けっこう厚い本ですし、難しくなっているところもありますので、端から端まで全部読めとは言いません。けれどもこの値段、1200円＋税金、だったら買ってもらってよい本だと僕は思っています。1990年に初版が、95年に増補改訂版（第2版）が藤原書店から出た後、2012年に生活書院から第3版を文庫判で出してもらいました。それで値段も3分の1になりました。著者は安積《あさか》純子＋私を含む3人の社会学者、というものです。

で、この本の後半のほうは僕が書いてるんですが、今日、大雑把に話すことの細かい話は第7章、「早く・ゆっくり」以降にあるんで、詳しくはそちらを見てください。それから、そこに関係する人とか、項目とか本とかの情報は、「生の技法」で検索すると出てくるホームページからリンクされてますから、それを見てください。

　で、もう一つ、読みやすくてわかりやすくて、いいなと私はいつも思ってるんですが、この本の第1章を家に帰って読んでください。せっかく今日渡せたものなので。安積遊歩《ゆうほ》が、この本では戸籍名の純子になってますけれども、しゃべっています。彼女は自分の本も幾つも書いていて、文章書ける人なんですが、しゃべるともっとおもしろいので、話してもらってます。福島弁で英語話したりします。福島市出身の、郡山《こおりやま》にも住んだ人です。福島から出てきて、東京に暮らしてて、東日本大震災が起こった時に、原発から逃れてしばらくオーストラリアにいて、また東京に帰ってきてます。彼女はエコロジストで、僕はそうでもないので、そこらへんはちょっと趣味は違って、食い物が違ったりするんですが、ま、それはちょっと措いといて。

安積遊歩・安積宇宙『多様性のレッスン』（ミツイパブリッシング、2019）

　彼女には骨形成不全という障害があります。骨形成不全というのは、簡単に言うとカルシウムが骨にならないと言ったらいいかな、そういうことらしいです。そういうわけで骨が弱い、脆い、育たない。だから身長も低くって、107センチとか109センチとかそんな感じの、だから可愛いっちゃ可愛いんだけれども、そういう感じの障害です。ちなみにこの障害は遺伝する障害で、彼女の娘さん、名前、宇宙って書いて「うみ」って読むんです。滅茶苦茶ですよね。ただ、こんなことしゃべってると1時間経ってしまいますけど、日本人の名前って法律上はどう読んでもかまわないんだそうですね。だから、宇宙を「うみ」と読んでいいらしいんですけど。で、その娘さんも骨形成不全で、二人は共著の本も書いています。

僕はちなみに1960年生まれで、彼女は56年生まれです。その遊歩さんが、1990年に出た本で、それまでの34年分のわが半生を語っています。章の題は「〈私〉へ——三〇年について」です。それからまた30年とか生きてるわけですけど、ちょうど真ん中あたりの時に自分のそれまでの人生を語ってて、私はかなり長い時間その話を聞いたんです。それを録音して、文字にして、整理して、わかりやすいように並べてます。めちゃ読みやすいです。で、これから私がお話ししたいことの気分というものが、けっこうストレートに伝わる章になってると思うので、そこのところだけでも読んでください。というわけで、この本をお渡ししました。

これから皆さんが障害を持っている人たちの生活に貢献してくれるとして、そういう人たちに助けてもらってというか、介助・介護してもらって、てことはつまり、親きょうだい、家族に介助をさせるんじゃなくて、負担をかけるんじゃなくて、あるいは少なくともほかの人たちよりも大きな負担をかけるんじゃなくて、そして好きなところで、その好きなとこってのは新しく暮らしたいとこかもしれないし、今まで暮らしたとこかもしれないんだけれども、そういうところで暮らしたい、つきましては皆さんよろしくっていう、そういう動きっていうのが、それを可能にする制度がどういうふうにできてきたのか。本も何冊かはあって、それも紹介しています。詳しくなりたければ読んでいただきたいと思います。今日は、その最初あたりのところだけ、ごく短く話します。

1970年

話はだいたい1970年くらいに始まります。こういう大雑把な話は半分嘘なんですね。ほんとかよっていったら、ほんとじゃないかもしれないんだけれど、でも話というのは、どこかを省略して、どこかを際立たせて話すしかないというところもあるんで、今日は1970年から始まったということにします。だら、今から50年ぐらい前のことですけれども、この年、そして1968年、69年は、世界中でいろいろなことがあった年です。

今この部屋ぱっと見ると、そのとき生まれていた人、そんなにたくさんいないかなという感じですけれども、僕はちゃんと生まれてましたよ。1970年に僕は10歳でした。田舎に住まうぼーっとした少年だったので、よく覚えてないです。だけどいろんなことがあった年です。

世界的には、ベトナム戦争まだやってて、というか真っ最中で、米軍がベトナム行って爆弾落としてくる前線基地に沖縄がなったり、そういう時期です。戦争やめろって反戦運動が世界中で、日本でもアメリカでもイギリスでもフランスでもドイツでも、主にその頃の若い人たち、学生たちがいろんなことに文句を言って騒いでいた時期でした。

それから、日本では、公害の問題が浮上した時期でもあります。水俣病とか、前からあったんですよ。昔からあったものが、ようやく表に出てきて、水俣の人たちが筵旗《むしろばた》立てて東京にやってくるとか。これはテレビで見た気がするんですけどね。でも、東大の安田講堂って建物に立てこもった学生に機動隊が放水するとか、実況中継で見たのか、それとも後で見たのか、定かでないです。

とにかく、世の中に文句を言おうぜみたいなね。文句あるんだったら言おうぜみたいな、そういう時期の到来っていうものがあった。敗戦後、こんなに頑張って日本やってきて、確かに復興したんだろうけれども、でもなんか自然は汚くなっちゃったし、公害や薬害に苦しむ人がいるし、みたいなことで、こんなんでよかったのかなみたいな、そういう気分が一定あった時期でもあります。

それと、これからお話しする話は、関係があると思っています。その頃は学校行ってない障害者が多かったですし、当時の社会運動・学生運動と障害者運動は直結しないんですが、気持ち的なところで励まされたってことは、すぐ後に出てくる横田弘さんなんかも言ってます。働いて、もっと働いて、という路線でやってきたのが、そういうことだけじゃだめなんじゃないか、とかね。人間、できないっていうことはあるわけだし、それはそれでいいとか悪いとかじゃなくて、もう事実そういうことあるんだから、それをどうやってうまい具合に、そのうえで生きていくかっていうことを、リアルに考えだした時期でもあると思うんですよね。

これからお話しするのは、一つは、障害児の親が障害児を殺したという話です。一つは、施設に収容された人たちが施設から出たいと言ったという話です。障害児、障害者は、70年に初めて殺されたわけじゃないです。それから施設も、日本の場合はわりと施設の整備自体が遅れたので、70年ぐらいから花盛りになってくるんだけれども、それ以前からなくはありません。ですから、この70年という年は、文句を言うっていうことが始まった年という感じですね。

始まり1・「母よ！殺すな」

その1970年、横浜で2歳になる脳性まひの女の子が母親に殺された。『生の技法』の第7章に書いてあるんですが、そういうことは時々あります。そして、その女の子を殺した母親にも事情があって、殺したくて殺したわけじゃないから、刑を軽くしてくれという減刑嘆願運動がなされたんです。こういうことも、今でもあります。だけどそれはおかしいんじゃないか、って言っちゃった人たちがいたんです。実はそれまでそういうことってあまり、ほぼまったく言われなかった。

「青い芝の会」という、脳性まひの人たちの小さい組織があって、そこの神奈川県の人たちがそのことを言いました。最初はたった数人の人たちが、ほかの人が殺されたときより俺たちが殺されたときに刑が軽くなるってのはどういうことだと、言い始めた。言われてみると、ああそうか、障害者じゃない子どもを殺したら、鬼母みたいなことが言われる、だけれども、障害者を殺すと親がかわいそう、みたいな、俺たちはそういう存在か、変だろうそれは、って。同じ子殺しだろう、一方は非難し、一方は同情するって変だろって、言われてみればほんとに変なんですよ。だけれども、それまで変だって思われてなかったことに対して、やっぱそれはおかしいと。減刑嘆願運動するのはおかしい、というようなことを言った。つまり世の中で、良い、正しい、そういうもんだって思われてたことが、そうでもないかもしれないみたいな、世の中の流れみたいなものも受けて、「俺たちも言うぞ」、そういうことが、1970年に始まった。

これは、その含意というか意味を考えていくと、障害児、障害者は親とセットで当たり前みたいなね。親は基本的には、愛し、世話し、その責任を全部引き受けるみたいな。それが当たり前で、だから親に押しつけてるんで、そのぶん社会は楽してる、さぼってる。さぼっていられる。そこで、親が殺すと親に多少同情する。そういう社会で自分は障害者を生きていく、時々殺される。そういうのっておかしいと。

そういう、家族にもたれかからざるをえないというか、そういう家族と障害者との関係っておかしいと思いだした。そのきっかけが70年の事件だったんですよね。

それはやがて、親というものと子どもとの関係、あるいはその家族と障害者との関係と

いうものをどういうふうに組み立てて、組み立て直していくのかという話につながってい
きます。

自分は、殺されたくはないけど、殺されないあるいは乱暴されない限り、べつに親は嫌いじゃない。親と仲良くもしたい。だけど、家族があること、家族をするということと、家族に世話されるということは違うだろう、と。むしろ、家族関係を保つためにも、あるいは作るためにも、一生親が面倒みて暮らさなければならないのはやめよう、と。

いったん家族から出て、自分の生活を新たに始める。普通のことなわけじゃないですか。学校に入る、就職をする、結婚をする。そういう節目、節目で、たまたま親と別れて暮らしていくということもあるだろうし、あるいは、そういったことの後で、また親と暮らし始めることもあるだろう。それって、普通に当たり前のことなんだし、その当たり前のことを実現していこうと。そして、介護・介助というところでは、親と距離をとって暮らしていく。そのことによって、かえって、家族なら家族という関係を別様に組み立てることもできる。そういう話になってくるんですね。

家族は家族で大切かもしれないけど、ほんとにその家族が大切だとあなたたちが思うんだったら、親を、子どもを、それから配偶者を大切にしたいんであれば、家族だけが世話

するっていうことのほうがおかしいでしょう。そういうことですよ。むしろその子どもの家族の責任っていうものを軽くしてあげる、そのほうが正しいでしょう。

「脱家族」と、この本では僕らは言ってますけれども、それは家族と仲悪くなれとか、あらゆる人が家族と離れて暮らすべきだとか、家族をなくせとか、そんなことを言いたいわけではなくて、いや、別れて暮らしても全然いいんだけれども、別れて暮らすにせよ、暮らさないにせよ、生活を維持していく。それは介助だけではなくて、所得保障の部分も含めて、家族とは別に暮らしていけると、それが当たり前じゃないかと。そういうふうにやっていこうよ、という動きが一つ始まります。

はやく・ゆっくり

これは最初の最初の話でして、なれそめの紹介でしかなく、制度や仕組みが、輝かしい、しかし困難に満ちた、その歴史の中でいかに勝ち取られてきたのかっていう話が本当は本筋なんです。その話は僕はけっこう得意です。しかしここではさぼります。

もっとちゃんと知りたいということであれば、30年前に『生の技法』の初版に書いた章、その後、第2版・第3版と書き足していった章、その他たくさん、を読んでもらうのがよいです。それで本の第7章〜第11章、自分で読んでみたら、確かにややこしいなと思いました。難しいと言われるのも無理はないかなと、少し、思いました。けど、と同時に、でもちゃんと書いてるじゃん、とも思いました。現実はややこしいので、それをがんばって整理してもある程度はややこしいです。それは仕方がない。ので、きちんと知りたい人はそっちを読んでください。

ちなみに第7章の副題は「自立生活運動の生成と展開」です。「はやく・ゆっくり」というのが本題なんです。その「はやく・ゆっくり」というのは、ある人の遺言です。まれにサインを求められることがあり、下手な自分の名前だけ書くんですが、「何かもう一言書いてください」という時に、書くのが「はやく・ゆっくり」っていう言葉です。その人の話は略し、この話だけしてお茶を濁しましょう。

これに関わったのは、神奈川を中心とする「青い芝の会」の人たちでした。僕はそこにいた横塚晃一という人が、生前1回も会ったことないですが、ちょっとフェイバリットです。NHKオンデマンドで「映像の世紀」とか見てたら、チェ・ゲバラが出てきて、やっぱりゲバラかっこいいなとか思ったんですけど、ゲバラがかっこいいなというのは普通じゃないですか。非暴力系だとガンジーとかね。それも普通です。私は、そういう普通の人は、他の人にお任せして、私は横塚晃一だ、ということにしてるんです。

この人は1935年生まれですけど、78年にもう死んでしまった。ここにいる多くの人は生まれてないですね。僕は大学入学ということで東京に来たの79年だったから、その1年前です。43歳です。若いです。CP、つまり脳性まひで、人は死にません。胃がんで死んじゃったんだよ。胃がんではこのごろ人はそう死なないんだけれども、生活保護の医療がよくなくて、それで亡くなったんだという話はたぶん本当だと思います。

で、その人が死んだ時に仲間に残した言葉が、「はやく・ゆっくり」だったと言われていて。あまりにできすぎているので嘘かと思うほどですけれど、たぶん本当です。

なんだろう、けっこう深い言葉だと僕は思ってるわけで。うーん。人生短いしね、それから、いろいろ必要なものはいっぱいあって、それを要求したり、役所に行ったり、何やかんやして、仲間を集めて何やかんやするっていうのは、そうゆっくりやってたら死んじゃう、「だから、はやくやんなきゃいけない。はやくやろう」って、言う。でも本当は、その「はやくしなきゃいけないってことは、ゆっくりとまったりと生きてくために、仕方がなくはやくっていうことなんだよね」、っていう意味もあるだろうし、いろんな意味が込められてる、込められてるように読める、そういう言葉だと僕は思ってます。そういう

横塚 晃一『母よ！殺すな』（生活書院、2007）

こと言って死んでしまった横塚っていう人がいて。その人が書いたのが『母よ！殺すな』という本です。ずばりの題です。この本、１９７５年に出て、81年に増補改訂版が出て、その後長く品切れで入手できなかったんですが、２００7年に復刊されまして、その解説を僕が書いてます。この本を復刊するために、とまでは言いませんが、生活書院という小さな出版社を２００５年に立ち上げた高橋淳さんがえらい気合い入れて作りました。増補改訂版の約3倍の厚さがあります。よろしかったら買って読んでください。よい本です。あ、そうだ。私、昔、岩波書店の人に岩波文庫にどうでしょうって提案したことを思い出しました。実現しませんでしたが。

それから、横塚さんよりも2年早く、１９３３年に生まれたけれども、比べてだいぶ長生きした、２０１３年に80で亡くなった横田弘さんって方がいました。最初はたった数人の、そして少しも前向きな感じのしない、重くて暗い提起が全国に広がっていきました。その波が伝わるに際して、私自身はそんなに強調することはないと思っているのですが、

『さようならＣＰ』という映画（原一男監督、１９７２）の上映会が各地であったりしました。そこにたまたま引き入れられ、以来この世界に、という人を何人も知っています。写真はその映画で、まあ「やらせ」ですけど、裸の横田さんが路をいざっているシーンを使った『障害者殺しの思想』の増補新装版（現代書館）の表紙です。初版は１９８０年。これも長く品切れになっていました。相模原事件（56頁）の前年に再刊されて、その解説も書かせてもらってます。もう一つは、横田弘・立岩真也・臼井正樹の『われらは愛と正義を否定する』（２０１６、生活書院）の表紙。長年のつきあいのあった臼井さんの発案で横田没後に出版されたものです。私と横田さんの対談が二つ入っています。「われらは愛と正義を否定する」は、横田さんが考えた青い芝の会の「綱領」にある言葉で、今でも、いけてると思う人はいます。他にも本や論文やらあります。電子書籍版（23頁）に詳細な文献表を付けました。どんなことがあったか。誰が何を言ったか。マニアになりたい人はどうぞ。なりたくなくてもけっこうおもしろいと思います。こ

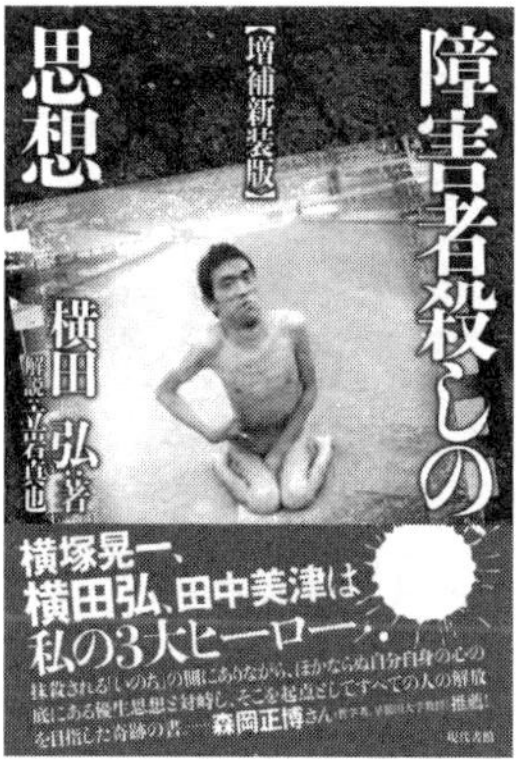

横田弘『障害者殺しの思想』（現代書館、2015）

ここでは一冊だけ、この本と同じちくま新書で2020年に出た荒井裕樹『障害者差別を問いなおす』。青い芝の会の主張を詳しくたどって、今どきの人たちに言おうという本です。

さっき紹介した安積さんもいっときは福島の青い芝の会の人たちと関わりがあった、というか、その人たちと出会うことで人生が変わっていきます。安積さんの章にその話は出てくるし、ほんの少しですが、横塚・横田といった人たちも出てきます。その話がおもしろくて、福島の人たちのことを調べ足して、本にするといいと思って20年ぐらい経って、2019年にようやく『往き還り繋ぐ——障害者運動於&発福島の50年』（生活書院、本書12頁）を出してもらえました。

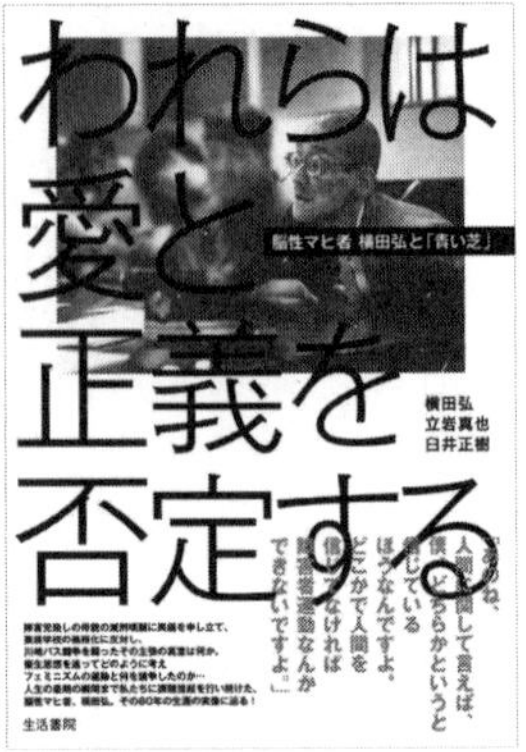

横田弘・立岩真也・臼井正樹『われらは愛と正義を否定する』（生活書院、2016）

はじまり2・府中療育センター

施設が問題にされだすのもそれと同じ年です。その1970年っていうのは、「どんどん建物を建てるのがいいことだ」っていう時期ですよ、まだね。「立派な施設、大きい施設を建てて、そこに収容して、そしたらいいじゃないか」っていう、そういうのが60年代から70年代に出てくるわけです。「いいことしてる」と他人たちも思うし、本人たちもそういう善意を頂戴する、「お金もかけてもらって、そうやって施設の中で暮らせるようになったんだから、よしと思わなきゃ」っていうようなことに、60年代から70年代はなっています。

しかしその時に、「いや。そう言われて施設で暮らし始めたけど、いいことないよ」という人たちが出てくる。東京に府中療育センターという施設がありました。今でもあります。知的にも身体にも重い障害がある人もいる。そういう人たちのためのつもりだったんですが実際には身体障害だけの人もいるという施設でした。

新しくできたきれいな施設だということで、よかったねという話だったんだけれども、そこにいる人たちが、よくないと思った。なんとかしてくれっていうことを主張し始めました。「もっとよくしてください」って言うのだが、言うこと聞いてくれない。「よくしてください」と言い続けると同時に、「もうここにはいられない、障害者みんな集まって施設に暮らさなきゃいけないってわけでもない」、ということにもなっていきます。

最初は施設の待遇をよくしてくれということでした。どんなふうに待遇がよろしくなかったのかはやはり『生の技法』の第7章に書いてあります。いちいち説明すると時間かかるし半端に説明して終わらせたくもないので、ここではやめときますけれども、当時書かれたものを読むと、やはりこれはひどいなと思います。そういう、待遇をもっとなんとかしてくれという話が発端でしたが、なかなか事態が動かないなかで、そもそもこういうとこにいなきゃいけないいんだろうかという話にもなっていきます。施設の改良・改善を求めることと同時に、施設から出て暮らそうっていう、そういう生活を求めようという動きがやっぱり同じ年に始まります。ちなみにこの施設のこと、施設で起こったことってなんだろうと私は思っていて、『病者障害者の戦後』（2018、青土社、本書169頁）を書いた時、少しその事情がわかったように思い、その本に書きました（第6章「その傍にあったこと・予描2」）。調べ出した1980年代後半から30年がたって、ようやく少し書き足せたというところです。

この施設にいて、後で出た人も何人かいるんですが、その一人が三井絹子さんという人です。今は東京の国立市に住んでいます。「私は人形じゃない」という文章が1972年の『朝日ジャーナル』に載ったりしました。その文書を収録した本がありましたが、今は品切れです。男性による介助に抗議したら、看護婦長に「男女の区別を乗り越えるのが本当だ」と言われ、「だったらなぜ、現在男のトイレと女のトイレを別にしてあるんですか」と返したという話も出てきます。まことにもっともだと思います。『不如意の身体』（2018、青土社）でその箇所を引用しました。ちなみに、2019年に国会議員になった木村英子さん（163頁）は、三井さんの弟子筋にあたる人です。

もう1人が三井さんの兄貴で新田勲さん。にやけた顔にみえる、そしてなかなかもてた脳性まひの男性で、この人も2013年に、この年はいろんな人が亡くなった年なんだけれども、亡くなりました。彼も本を出しています。僕は、大学院生の時にインタビューをしたり、ずっと後、こういう稼業をするようになってから、お呼びがかかって、対談をさせてもらったりしました。『足文字は叫ぶ』（2009、現代書館）という本に入っています。彼はしゃべれない。座って、足を動かして床に字を書くというのに近いかな。僕はわからないんだけれども、慣れている介助者は読めるんで

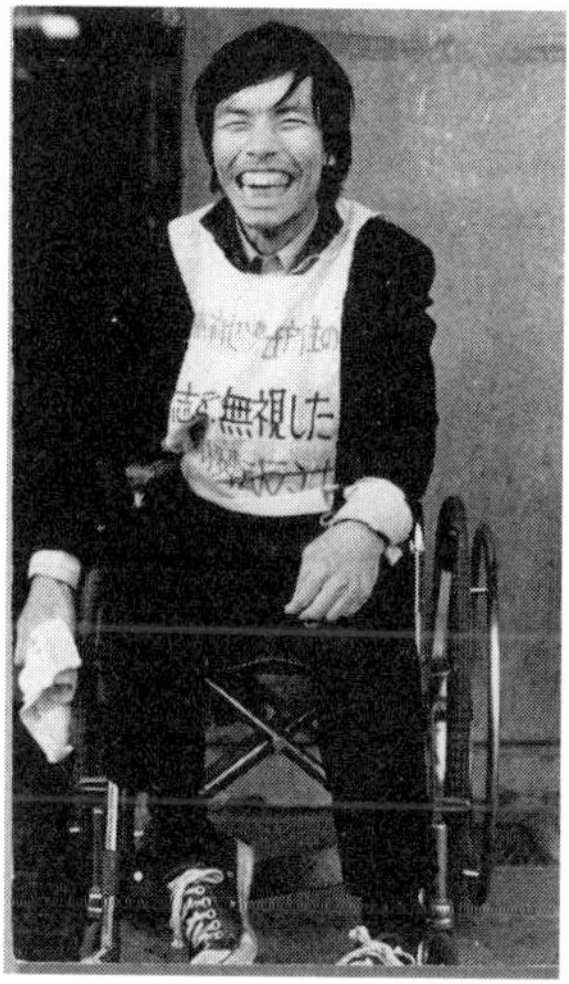

70年代、府中闘争の頃の新田勲氏。

す。ひらがなに近いものか、それをちゃちゃちゃちゃと書く。それで話す。静かな所作ですよ。だから、「足文字叫ばないだろう」って、この本のタイトルがなんかおかしかったです。その新田さんは練馬区在住、１９７０年代からの「公的介護保障要求」の運動を引っ張った人でした。

こういう人たちが、家を出て施設を出て暮らすことを始めます。

「そよ風のように街に出よう」

この二つのことが起こったのは、神奈川と東京で、関東ですけれども、関西のほうでもいろんなおもしろいことがあったんです。どうしたって中途半端にしか紹介できないだろうから、全部省略しますが、『そよ風のように街に出よう』って雑誌の名前だけ言います。つまり、そういうことですよ。つまり、家族に世話されるのをやめて、施設にいるのをやめて、どうしようかっていった時に、「そよ風のように街に出る」って。わかりやすいお話ですけれども、そういう話になった。『そよ風』は大阪の人たちが作った雑誌なんですけれども、非常にいい雑誌です。79年に創刊されて、約40年続いて、２０１７年に終刊になりました。ちなみに僕はそこで「もらったものについて」という連載を、２００７年から終刊号まで計17回、書かせてもらいました。私は原稿料もらえる雑誌は、その版元に配慮してというか、普通原稿の全文はホームページに載せないんだけれども、原稿料もらってないし、雑誌の宣伝をしたいという思いもあって、この連載は全文読めます。私がしている昔話を読みたかったら見てみてください。家出を言って、施設から出るを言って、実際にそれをやった人から、僕が何をもらったのかを書いたつもりです。

こうして、脱家族という運動と、脱施設という運動が同じ年に始まったと言うと、なんとなく話のかっこうがつくので、そういうストーリーにしているところもあるんですけれども、しかし、間違いということではありません。1970年に始まったのです。

『生の技法』の副題は「家と施設を出て暮らす障害者の社会学」です。「なんで施設を出たいって思うのか？　施設ってどんな感じのとこなのか？」については、この本で言うと、尾中文哉《おなかふみや》さんが書いてます。タイの教育のことを研究している、だから専門は違うんだけれど、日本女子大学で働いている社会学者です。

そして、岡原正幸さんが、家族のこと、「脱家族」のことを書いています。彼は今でもちょっと似たようなことやっているかな。似たというか、関係することしてます。感情の社会学、感情社会学っていうジャンルがあるんですけれども、そういう仕事をしている、慶應大学で教えている社会学者です。そこも読んでいただければありがたいです。『家族性分業論前哨』（2011、生活書院）という誰も知らない本（150頁）を村上潔さんと書いている私なら、また別のことも加えたくはありますが。それから、施設については、私としては、それができて、そしてそのままにされていく歴史、その仕掛けを描こうと、『病者障害者の戦後』（2018、青土社）を書いてみました。

以上、詳しくは本でということにしてしまって、1970年に始まったできごとに関わった人たちについての挿話のようなことを少し語りました。

学生を誘う

そうやって家族をやめて、施設をやめて、街に出ようとなったときに、街に出ると言うとなんかすがすがしくていいけれども、街に出たって、雨が降ったり風が吹いたりするわけで、やっぱり困るわけです。暮らす場所がいる。ものも食べなきゃいけないから、お金もいる。雨をしのぐためにもアパート借りなきゃいけないから、お金がいる。どうすんだというんで、多くの人たちは生活保護をとって暮らします。ちなみに『生の技法』の第1章を語り下ろしている安積遊歩も、長いこと生活保護で暮らしていました。今は違うかな。

僕が今、名前出した人、全部、全員、生活保護で食ってました。生活保護っていうのはとっても大切な制度なんだけれども、今日はその話はちょっとパスします。非常に大切ですけど。

そうして、部屋は借りた、食べるものは買える、として、とくに施設が嫌だと出てきた人たちは、脳性まひの中でも障害が重い人たちでもあったんです。介助が要ります。

70年代から80年代90年代、場所によっては今でも、それに関わったというか関わらせられたのは、大学生が多かったです。70年代には学生運動・社会運動の流れが関わってました。その運動の一部として関わる、というところもありましたし、それに挫折してという人たちもいました。やがてそういう色彩は薄まっていきます。ただ、昔の大学生ってのは今の大学生より暇でした。学校に行かないし勉強もしないし。それで許されていた時代でもあったんです。僕もそうでした。

街に出た人たちも時間はあるから、車いすで、街に出る。しかし街に出たって、まあ人がいるだけだ、使える奴はどこかにいないか?、それは大学だ、ってことになる。それで大学のキャンパスに車いすで入っていったり、ビラまいたり、人をつかまえたりするわけです。僕は東京にいた時、駒場に2年いた後は、高円寺に4年、三鷹に10年住んだんですが、それはJR中央線っていう、東京駅から西のほうにまっすぐ行く線沿いの駅で、それよりもっと西に行くと、国分寺、国立、立川、そして八王子ってあたりになるんです。たとえば国立は、最初に紹介した安積遊歩っていう人、そして三井さん（130頁）なんかが長く暮らしてきた場所ですけれども、なんでそこらに障害者が集まったかというと、一つは大学があるからなんですよね。国立であれば一橋大学がある、もう少し行ったところには津田塾がある。また八王子のほうに行くと法政があったり中央があったりする。大学がいっぱいあるわけです。そこには暇な学生がいる。そういうやつらを集めて、それで介助をさせる。お金がないからボランティアだってことで。それが70年代から80年代にかけてのこと。それがどうなっていくか、が次の章になります。

第６章

少しだが大きく変える

ボランティアではしんどい

暮らすために、食って、寝て、のためのお金がいるんだけれど、重度の障害者の場合、それだけでは足りない。それが介助です。だから家族が面倒見る、施設に収容するってことも起こっていたわけだ。では、家を出て、施設を出て、その介助をどうするかということになりました。70年代の初めのことです。

その頃は、ほんと、何もなかったに近い、在宅の福祉制度はね。70年代の中盤でいうと、家庭奉仕員という制度はあったんです。これが今でいうホームヘルパーです。ただ、この制度を使えるところでも週に2回、1回2時間、だから1週間に4時間とかって感じでした。それですむ人はまったくそれでいいんだけれども、そんなことはない人たちが出てきたわけですから、さあどうしようということになった。

最初は、理念としてという部分と、もうやむを得ずという部分と両方あったんだけれども、ボランティアに頼るというか、使うというか、そういうことになります。多くの場合は大学生ですね、その当時の学生たちは暇でしたしね。その大学生をだましたり、ってことはないが、勧誘して、ボランティアにして、働いてもらう、手伝ってもらうってことがありました。大学生だけではなく、労働者・勤労者も、主婦の人も、いろんな人がいましたけれども、数的には学生が多かったと思います。

ちなみに、僕は1960年生まれで、79年に大学に入るんだけれども、そのあたり、80年代の前半ぐらいに、いろんなきっかけというか、ありました。

その一つは、年が四つ上の脳性まひの男、勝又裕司って名前ですが、僕がいた大学の見田宗介先生のゼミにもぐりで来ていてね。その男が駒場から帰るのにつきあったのが、車いす押したりというのでは最初かな。さらに、駒場の2年の後、僕が本郷のキャンパスに移ってだいぶ経ってから、その男が世田谷の家から出るって言って。ぼっちゃんだったんだよね、世田谷の赤堤っていうのは東京ではいいとこなんですよ。そこを出て一人暮らしをするっていうのに付き合わされる羽目になりました。それで、引っ越し先探すの手伝って、見つかって、彼は本郷あたりの、僕が住んでた高円寺の下宿よりよっぽどいいマンションでしたけれども、そこに住み始めて。

それで僕、数年は介助者みたいなことはやってましたね。だから、僕もいささかの経験がないわけではなく、そのときの感じはちょっと覚えています。

大変かっていうとね、そんなに大変でもない。もちろん人にもよります。彼は脳性まひで、まあまあ重い、言語障害も重い脳性まひの男性でしたけど、そんなに介助自体は面倒ではなかった。飯作って、あと、風呂。他に何したかな。よく覚えてません。何かしました。とくに働くこと自体がしんどい、ということはありませんでした。僕はそのころ高円寺の風呂もないアパートに住んでいたんですが、彼のところは風呂がある。介助するついでにというか、むしろメインの目的はそっちだったかもしれません。行って、ただでシャワーを浴びて帰ってくると200円得した、とかね。介助が大変だったという記憶は、あんまりないです。

何が大変かというと、介助のローテーションを埋めるのが、です。彼は1日24時間ではなかったけれども、やっぱり毎日介助がいるんですよ。夜はいらないけど、昼間はいる。そうすると、何十人という人たちのリストから、365日、なんとかスケジュールを埋めなきゃいけないわけです。誰が次来てくれるか、明日来てくれるか、来週来てくれるかというローテーションを決めていかなきゃいけない。そうすると、彼は、電話できなくはないんだけれども、言語障害かなり重いんで、電話すると、慣れてる人だったらわかりますけども、とくに親元にいる学生とかだと親が出るから、なんかいかがわしいというか、あやしい電話に間違われてしまったりするわけです。切られちゃったりする。そんなこんなで、さあ帰ろうって頃になると、「電話かけてくれ」って言われる。で、代わりに電話させられたんです。

僕は、昔も今も電話するのきらいで、それはともかく、そもそも介助に来ようっていう酔狂な奴そんなにたくさんいない。それから、学生だしね、試験があったりとか、そういうこともあったりする。で、卒業する、就職する。ドタキャンもある。予定を埋めるのが大変なんです。結局、人手が足りないということがあり、足りないなかで電話して予定表埋めてをしなきゃいけないっていうしんどさは、多少経験があります。

だから個人的な体験でもあるんだけれども、街に出た人たちが直面したのが、ボランティアでこの生活を回していくってことがいかに大変かっていうことだったんです、まず一つは。「これではやってらんない」と。中で、さきに少し紹介した安積っていう女性（115頁）にはなんというか魅力があった、ですよ。だからいろんな人、学生たちが出入りしてました。けれども、人間ってそんなにアトラクティブ、魅力的な人たちばかりじゃないわけですよ。あるいは、そういう人間を演じるのも疲れるわけです。ですよね。そういうこともあるし、街に出て地域で暮らすんだって人も数が増えていくなかで、「とてもこれじゃやってけない」っていうのが一つありました。そういうなかで「じゃあどうするんだ?」といったら、「そこはちゃんとお金ってものを使ってやっていくしかないんだよね」っていう、「止むに止まれぬ」っていうか「背に腹はかえられない」っていう部分があります。

そうやって暮らす人が東京で何十人とか、数が数えられるぐらい少ない間はなんとかなるかもしれないけれど、そういう人が100人になり500人になりってことになると、これはやってけないなっていう話が一つ出る。こうして、やってけないから有償でという理屈、理屈というか、やむを得ぬ事情っていうのもありました。

筋論として、ボランティアでよいか

ということで、地域で暮らしたいという人たちが増えていくと、しかし、その介助を進んでしようという酔狂な人間の数ってそれに応じて増えていくわけじゃないから、だんだんしんどくなってくる。介助者の取り合いっていうか、あったりとか。いろいろあって辛いから逃げてくっていうか辞める人もいる。残った人はほんとは辞めたいんだが、自分がいなくなるとちょっとまずいなと。で、辛いけどやる、けど辛い、けどやる、みたいなことでだんだん辛さが増していく、それが爆発して逃げてくみたいな、そういうようなことが起こってくるわけですよ。さあどうしましょうかっていうことのなかで、こりゃもうやっぱりボランティアだのなんだの言ってる場合じゃないと。やっぱ制度、お金使ってちゃんと仕事でやってもらうようにせざるをえないよなっていうのが一つです。

だけど、仕方がないから金を使うってだけじゃない、ボランティアって、なんか言葉としてもいいけど、ボランティアでやるというのが基本的によいのかという問い、いやよくないという主張もあったのね。これは、理論的にはまだ決着がついてないテーマかもしれない。これに関連して『差異と平等』という本（2012、青土社）を書いてます。堀田義太郎《よしたろう》さんという倫理学・哲学をやってる人と一緒に書いた本なんだけど、この本で、堀田さんは、介助は本来は無償であるべきだという主義主張を展開し、いや、僕は、お金払ってもいいんだよ、お金もらってもいいんだよっていう話をしてる。双方が理屈を述べあっている。そういう本です。興味があれば読んでください。

込み入った議論はそれに譲りますけれども、その本ではもっと詳しく説明している僕の論の一つのポイントは、結局ボランティアに働いてもらうってことは、ボランティアだけに働いてもらうってことだよね、っていうことなんです。

ボランティアってみんないいことだと思ってる。いいことなんですよ、それ自体はね。だけど、ちょっと冷静に考えてみると、これあんまり気がつかないと思うんだけど、「ボランティアの人がやる」ということは、すなわち「他の人はさぼっていられる」ということでもあるわけじゃないですか。ボランティアがやっててその人が暮らせるっていうことは、そのボランティアの外側にいる90パーセントか98パーセントか99パーセントの人は、何もしないですんでるってことだよね。その人は勝手に自分でやってるんだから、その周りの人たちはなんにもせず、いいことしてるからほめてあげよう、時々ほめてあげるぐらいの感じで、それでやってる。それは正しいかって考えてごらんなさいってことですよ。九〇数パーセントの人はさぼってて、さぼってるぶん、その気持ちがあってやってる人に押し付けてる、それが正しいかって考えると、僕は正しくないと思うんですよね。

つまり、ある人が生きていく、生きていくっていうことは権利として認められなきゃいけないといったときに、それはすなわち、生きていくことができるっていうことを、社会が、具体的には人々が、それが可能になるように義務を負わなきゃいけないってことじゃないですか。人の生活、生命を、生存っていうものを支える義務というものは、すべての人にある。そうすると、ボランティアだけがやるっていうのはボランティアだけが義務果たしてるっていうことになるわけで、ほかの人たちは義務を逃れてるってことじゃないのか。それって違うだろう。私はそういう立場なんです。まず、家族がやってて、家族ができるかぎりは他の人は何もしないっていうのは、家族が「すべき」というきまりを私たちが、さらに法が課しているのだから、おおいに間違っているとなります。さらに、ボランティアだけ勝手にやってればいいっていうのも間違っている。そうなります。

そうすると、ではどうするか。一つは、全員がこの仕事をすることです。だけどみんなやるかといえば、実際はやらないだろうと。義務を、言うだけのものでなく実際に課されるものだと考えるなら、させることになります。させるという時点で、ボランティアではなく強制ってことになりますよね。それでよいのか。僕はよいっていう立場なんですけれども、それは異論があるかもしれません。とにかく、全員がやるってことにしようって話になります。

そうすると、いやいややる人もやっぱり出てくる。嫌いな人とか不得意な人とか、そういう人たちも出てくる。人間嫌いな人、あるいは人の世話するとか全然そういうのにフィットしない人間っていうのはいるわけですよ。いちゃいけないって道理もないですよ。そういう人はいる。これも良し悪し別として、いる。そういう人たちに介助なんかさせたら、介助要る人にとって迷惑ってことになりますよね。それから、ほかの仕事がしたいって人たちもいる。そうなると、全員がやるというのは、理念としてはあるかもしれないけど、現実的には無理だし、やってもらう側からしても、こんなやつにやってもらいたくない、といったこともあるだろうと。こいつは下手かもしれない。こいつは嫌いかもしれない。嫌いなやつにやらせると、だいたいよくない。

じゃあどうするかっていう時に、一つの方法として、お前はやらなくていい。お前下手だからやんなくていい。お前やりたくないの見え見えだからやらなくていい。やれる人がやる。やりたい人がやる。他方、やらない人たちは、なんの義務も負わなくていいってわけじゃなくて、この仕事をする人の暮らしが成り立つように、こういう仕事をしてお金が得られるようにする。税金を払うとか、保険料払うとか、そういう義務を負うことにする。そうやって、全員から、全員からっていうか、お金がある人からはお金いっぱい、お金がちょっとしかない人からはちょっと、全然ない人からは取れない、仕方がない。仕方がないというか、それでよい。こうして、お金を集めて、政府が集めて、それを、実際に働く人に払う。これでいいじゃないかというのが僕の考えです。異論はあるかもしれません。堀田さんは異論があるんですけれども、私はこれでいいだろうと考えます。

こう考えていくと、基本的には、また具体的には、その政府に集まったお金を使って、有償の仕事にする、アルバイトでも専業でもいいんだけれど仕事をする人はする、そういう形態のほうがいいよねっていうことになります。

だから、家族をやめて、施設をやめて、暮らそうという時に、家族でなく施設でないところから介助を得ようということになって、最初、ボランティアやってみたんだけど、一つに、やってみたけどしんどい、大変だ、だからもうお金払わざるを得ないという話があるんですが、もう一つ、もっと筋論で考えていったら、むしろ社会のあり方として、それを仕事にして働く人の生活を社会が支えるのがよいということになります。私は、この後者が本筋だと考えます。ここまで考えてみて過去を振り返ると、1970年代にあった主張にもそのように解せるものがあります。

障害があろうとなかろうと、いや、あって、でいいや、障害がある人が生きていくっていうことは、当然のことだとしましょう。そうするとそれは「権利だ」ということになります、硬い言葉で言うとね。こないだも権利の話をどこか行ってしたら、僕より上の年の人になんか言われましたけど。「権利」って言葉好きじゃない人わりといますよね。わからんでもない。でも言います、「権利だ」と。あるいは、「義務」って言葉のほうが好きな人なら、「義務だ」と言います。同じことです。その権利を実現するのは、人々の義務だということです。ここまで全然間違ってないですよね。「その義務は誰にあるか?」と言ったら、誰にでもあるわけです。ここも間違ってないですよね。「家族に義務はあるが、他の人に義務はない」って言えるかって言ったら、それは言えないです。すると「誰にでもある」っていうのが正解になってきます。

そこから言えば、一番直線的な答えは、「みんなが、誰もが、生活を支えることをする」っていうこと。だけど、誰もがそんなことをするかといえば、しないわけです。したほうがいいのかもしれないけど、嫌だという人はいる。嫌そうな顔をして介助に来る人に介助されるとか、下手くそな人に介助されるとか、そんなのは僕は嫌です。というか、「来ないでくれ」と。とすると、どういうやり方があるのかというとですね、ほとんど唯一、やりたい人、やってもいいよという人が介助の仕事をする。それをやりたくない、あるいはやるのが上手じゃない人、下手である人は、介助をする人の生活を支えるという形で義務を果たす。それぐらいしか思い付かないですよ。そう考えると、税金を払って、場合によっては保険料を払って、そのお金で働く人の生活を支える。そうやって支えることが人々の義務である。そういう仕組みしかないと私は思うんですというふうにして、家から出る、施設から出る。だけど人はいない。人がいないなかで学生のボランティアで何とかする。しかし何とかならない。何ともならないからお金を、というのが一つ、それと同時に、「何ともなろうがなるまいが、ボランティアだけに生活を支えさせるっていうのは間違ってる。その義務は誰にでもある。その義務の果たし方として、税金払って、その払われた税金で働いて暮らすのを支える。そういう形がよかろう」と、だんだん定まってきたわけです。そう考えるのがよいと思います。

社会のパーツを変える

私は社会学者なんですが、少しそれふうに考えると、こういうふうにもまとめられます。たいへん大雑把でいい加減ですが、社会が次ページの図のような感じで四つの領域に分かれているとしましょう。さてそのどこで、介助を得て、生きていくか。まずⅠの市場ですが、ここは基本、自分で稼いでその金で自分で買うという場所です。しかし、お金がないからここは使えない。Ⅱの政治、政治を実施する機関としての政府がくれるものは施設で、そこはいたくないとしましょう。次にⅢの家族です。すこし理屈を言うと、ⅢとⅣの自発性の領域を分けるものは何か？という問いがあります。家族も「自発的に形成される関

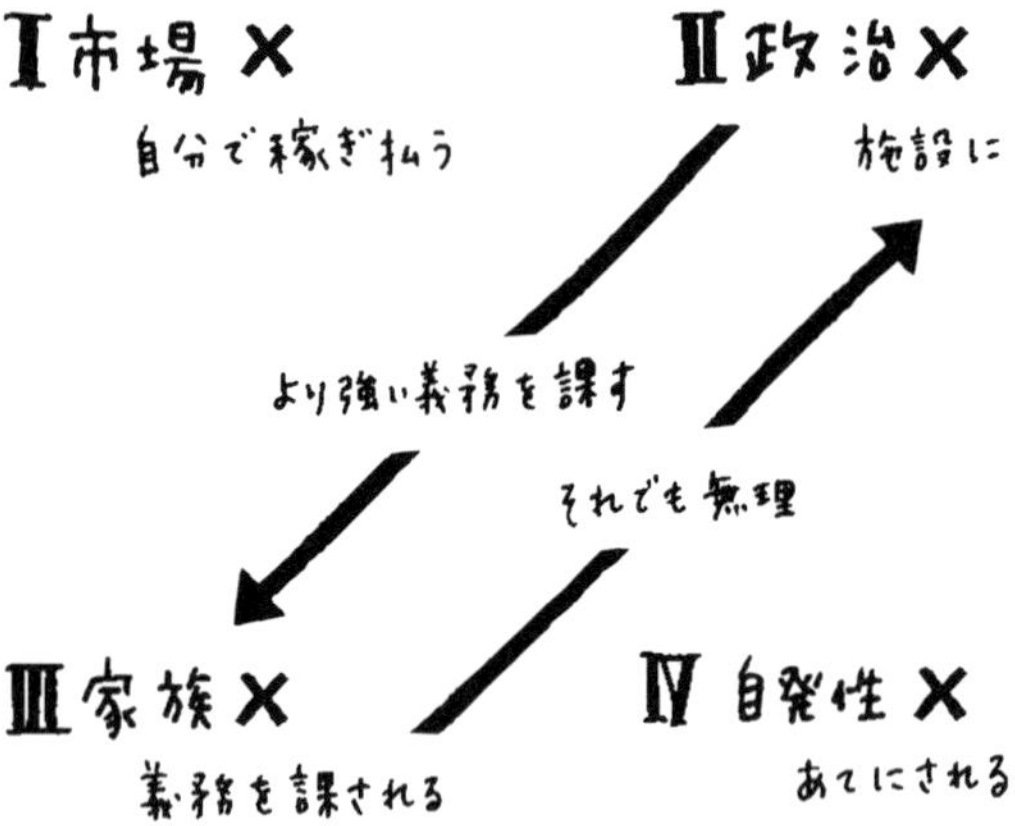

係」だと言えるからです。結局、政治・法のⅡが自発的な関係全体からその一部を取り出して、そこに、つまりⅢの家族に、他には与えていない権利・義務を付与しているのです。それでⅢとⅣが分かれる。こんなふうに考えるのが社会学だと私は思っています。残念ながらあまり知られてない本ですが、村上潔さんとの共著『家族性分業論前哨』（134頁）は、そんな姿勢で書かれています。さて、これは家族とそれ以外とを分ける分け方を否定するということにもなるのですが、すくなくとも扶養・介助については家族に頼らないということでした。すると、Ⅳしか残らない、つまりボランティア、というわけです。だから、その人たちが辿ってきた道は必然的なん

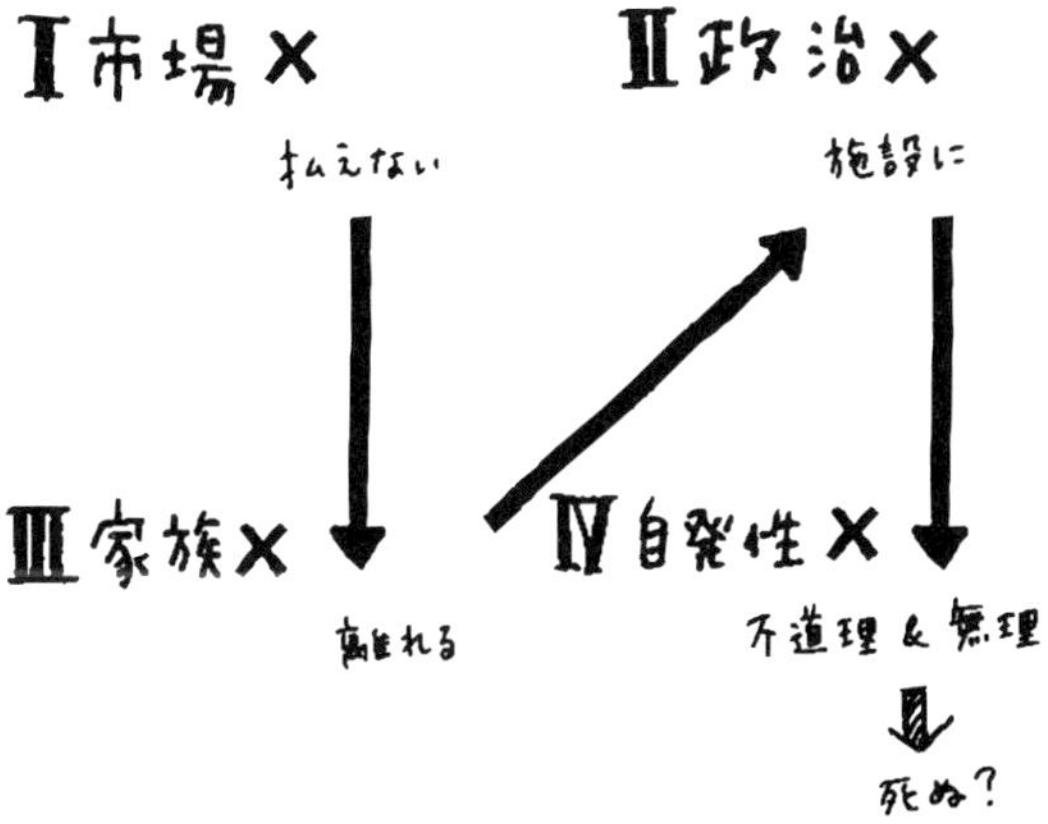

ですよ。しかし、そのⅣもだめ、となると、どうなるか。死んでしまいます。

理屈だけを言えばよいという人は、それで終わり、になってもよいわけですが、生きている人はそれでは困ります。死ぬわけにはいかない。さてどうするか、と考える。考えざるをえない。そこは研究などしている人よりむしろ、仕方なく、まじめに考えることになります。むしろ、学者たちと比べてちゃんと社会（科）学をしているとも言えます。また、言うだけ言って、やるだけやって、負けたってほんとうは困らない社会運動家とも違う。生きていかなきゃならない。

で、考えなおしてみる。そうすると、Ⅱの政治・政府は使おう、と。すべての人に義務を課すことができるのは政治・法だから、というのが先に話したことです。そして、義務を果たすための手段として、お金＝税金を集めて配分するのもよいとしましょう。ただそうやって強制的に集めた税金の使い方が間違っているのだと考えることにします。政府が集めるお金を、人がそれぞれの場所で暮らすのに使う、そして民間の組織が、そして自分たちが、働いてくれる人に払うということにします。そのようにIの市場・お金も使う。そしてそれは、自発性・ボランティアを否定することではまったくないです。自発的にやったほうがよいこと、それが歓迎されることは、いくらでもあるわけです。またそれは家族を否定することでもないし、放任することでもない。特別に重い義務を課さない、特別扱いしないということです。

増やして広げていった

私がいろんなものをもらった人たちがいると、さっき言いました。出る、出て暮らす、どうしようかという人たちが何をしたか。本人金ないし、実際、金がないから払えない、だから政府がってこともあるんだけど、今の話が正しいとすると、正しいんですが、本人は払う必要なくて、払える人が払う。で、それを働く人が受け取る。そういう仕組みでよかろうって話になっているわけです。これまでの歴史を、私はそう理解します。

　そういう理屈があったからってわけじゃないんだけれども、こういうことが1970年代から始まって、もう50年の歴史があるわけですけど、そういう歴史のなかで、今日の前半でお話しした今の重度訪問という制度につながるような制度がぼつぼつできてきます。で、そのぼつぼつできてきた制度はどういうものだったかは、『生の技法』第7章以降に書いてあるので、今日はもう説明しません。が、いくつかは話しておきます。

　生活保護の生活扶助の加算の一つに介護加算というのがあって、その中に家族介護加算とは別に他人介護加算があります。家族外の介助者に支払う費用として支給されるものです。その特別基準というのがあります。以前、京都市役所に甲谷さんに付いて行ったことがあると言いましたけど（88頁）、その時僕は、「そんなことも知らないの」って市の課長さんにちょっと大きな声で言ったんだそうです。忘れていました。この制度は生活保護とっている人にとっては今でも大切なものです。しかしもちろん、生活保護とれない人は使えません。

　そして、80年代、自治体と交渉したりして、「脳性麻痺者等介護人派遣事業」といった制度が、自治体独自のものとして、東京都で最初にできたんですが、その時間を増やすための運動をずっとやってきた人たちがいたんです。僕はただの学生・大学院生でしたが、東京にいたので、そういうのを傍観していることはできました。はたから見ててもようやるわって思ってました。そんなことがありました。

で、僕がとくに親しかったのは、東京の西のほうに立川って町があるんですけど、そこで暮らして活動した高橋修さんという人でした。１９４８年、新潟県長岡市生まれ。学校に行けず家にこもらされる生活、施設での数年、他を経た後、立川駅にエレベーターをつけさせる運動を皮切りに、とくに１９８０年代後半から90年代、制度を獲る、自分たちで「自立生活センター・立川」を設立し、運営する、制度を全国に広げるといった活動をまったく精力的に行ないました。そして１９９９年に急死しました。介助については、新田勲さん（１３１頁）とともに活動しますが、獲得した制度をＣＩＬという形態の組織で自らが供給する方法を採り、そして制度を全国に知らせ広げる方向と方法について、「誰でも、組織を介して」という道を高橋さんたちは選び、新田さんたちから別れることにもなります。

対立や分岐も含めて、こうしたことがおもしろく、また大切だと私は思っていて、ずっと書かねばと思っていて、20年たってようやく、２０００年に初版が出た『弱くある自由へ――自己決定・介護・生死の技術　増補新版』（2020、青土社）に新しく収録した二つの章の一つ「高橋修　一九四八～一九九九」に書きました。この新書の分量の半分強の文字数があります。ちなみに私は、「私の3人」は、横塚晃一（124頁）と、吉田おさみと、高橋修だと言うことにしています。せっかくだから、人が知らない人を挙げなきゃということもあります。

そんな人たちによって、ともかく暮らせるという現実が一部にもたらされるんです。始まりは、そういった運動が盛んに、強力に行なわれた東京の西部でした。幾つかの制度の併用によって、最大毎日24時間の利用が、93年度から立川市・田無市・東久留米市で、94年度から日野市・練馬区で可能になりました（『生の技法』第8章、第3版391頁）。

それがその後どのように変遷していったか。略します。ただ簡単に言うと、高齢者のホームヘルプは2000年に始まった介護保険のほうに行った。そして、（高齢者でない）障害者のホームヘルプの制度は別建ての制度のまま残った。そして、2002年あたりなんですが、自治体独自の、長い時間もありというサービスが、国の障害者のホームヘルプの制度のなかに規定され、上限も定められないものとして加わった。その後に、いやその前から、いろいろとすったもんだが起こるんですが、とても大雑把に言うと、そうなりました。となると、自治体に新たに制度を作らせるよりはよいという状況にもなります。

そうしたなかで、一部の地域にしかなかったものを全国に広げようという動きが展開していきます。第3章（80頁）で紹介した「全国障害者介護保障協議会」がその活動をずっとしてきました。高橋修が亡くなるまで引っ張ったのは、その組織、その活動・運動です。

しかし、そういう動きがずっとあったことを、社会福祉とかに携わってる人たちも、ほとんど知りませんでした。学校でも教わってきませんでした。それが悔しくて、僕らは90年に『生の技法』を書いたんです。僕は社会福祉を専攻する人間ではありませんが、この本を書くに当たって、当時出ていた社会福祉の本の全部に目を通しましたけど、この本に書いてあることって全然出てこないんですよ。それはなんでかっていう理由はあって、要するにその当時の、家族がまずあって、家族がだめだったら施設へっていう、社会福祉のメインストリームに反旗を翻した人たちの動きだったので、業界的にはどうも扱いにくかったんでしょうね。そういうことがあって知られていない。そういうのがあとあとまで尾を引いて、今でもあまり知られてないわけです。

だけれども、実際には70年代、80年代、90年代、50年のあいだにそういうことが、ひそかにというか、地味地味と、たまに派手に、広がってきたその延長上に、今は主には重度訪問というものになっている制度があるんだと、大ざっぱに捉えてください。

むしろこちらのほうに近づけていく

その間にいろんなことがありました。政府のほうでは、そんな、交渉次第で取れるみたいな制度、そういうゆるゆるの制度は困るということで、介護保険的なものに包み込んでしまおうという動きがずっと続きました。介護保険は、1990年代に高齢化が大変だみたいな話になって、作りましょって話になって、2000年から始まった制度です。実際にはこちらのほうがお金を節約できるかっていうと、そうでもないと僕は思うんですけれども、政府のサイドは、なんか行政的にコントロールできる、お金も人もコントロールできる、こういう仕組みのほうがいいんだってずっと思っているらしくて、ようやく作り拡大してきた制度を取り込もう、そういう動きが、介護保険の始まった2000年頃からもう始まります。

でももう一方の側、70年代から制度を作ってきた人たちは、こんなものに乗っかっちゃったら1日2時間しか使えないじゃないか、死ねっていうのか、みたいなことで、こういう、こっち側に引きつけられるのを跳ね返すっていうね。そういう綱引きを、もうかれこれ20年ぐらい、その人たちはやっているわけです。で、今のところ、なんだかんだいって、その二つの制度が併存するという状態は続いています。

ちなみに、一つに合流してよっていう人たちが言ってる話は、ある意味正しいんです。つまり、高齢者、基本的に介護保険は高齢者用の制度ですけれども、高齢者、障害者、別々に制度が二つあるのが正しい理屈はないわけです。それはそうだよね。高齢者も、年を取ってるからサービスが必要なわけではなくて、加齢に伴って、体がいろいろ動かなくなったりなんかして、それで障害者になるからサービスが必要なわけで。

障害があってサービスが必要だという意味じゃ同じなんですよ。だから一緒でいいじゃないかというのは、基本正しいと私は思う。だけれども、そこからが違う。1本でいいかなら介護保険でいいって話にはならないですよ、論理的に。でしょ。1本でいい、むしろ、今はマイナーなほうの仕組みがいいって言うべきなんです。それは、自治体と一所懸命に交渉して取れたり取れなかったりするのがいいということではなく、この制度であれば、まがりなりにも、必要な場合については必要なだけ出る場合もあるからです。「場合もある」では困るわけで、必ず出るっていうのが正しいわけですが。だから、より正しくしたうえでのこの制度の側に、介護保険の側も来るべきなんですよね。それがほんとは正しいんだと思ってます。

　すると、そういうのでやっていけるんだろうかと、心配する人か出てきます。それについては第2章（59頁）でも言いました。少し加えます。「一人に対して一人がいつもいる」というのがとくに素晴らしいことであるなどとはまったく言っていないのです。人がいつもついているというのは、面倒な煩わしいことでもあります。すると、そういう暮し方でなくてもよいという場合にはそれでよいということになります。ただ一つ、その時に、集まって住むことが、無益、というより有害な効率化のためになされることはないように、ということです。私が「分かれた道を引き返し進む」（203頁）でしたのは、こんな悲しい話です。仲間と思える、すくなくともひとつ屋根の下に住んでもよいという人たちが少人数で集まって住むのはわるくないという、それ自体はもっともな考えが、だんだんと大規模収容施設的なもののほうに寄っていってしまったのです。苦労して八王子に「ケア付き住宅」を作らせたその人たちが、今度は八丈島で50人規模のものでもよいと言うことになってしまったのです。

　ですから、結局、望む人から実現していく。必要なんだと言う人の言うことをもっとも、と聞く、それに従うことを基本にするということだと思います。ただその際、その人が大きな声で主張できるとか、有力な人を知っているとか、その人がもっているってとか力とか、そういうものによって左右されないようにする。そういう意味で、私は、誰でも相談に応じるという人たち・組織のやってきたことを支持します。「俺たちは苦労してきたんだ、なのに楽して取ろうなんて」という気持ちはわからないではありません。しかし、やはり、苦労した先人を称えながらも、楽して使えるのが基本、ということです（207頁）。

基準が客観的でないというようなことを言う人がいるかもしれません。しかし、そういう議論はもうとっくに終わっています。その人の言うことをそのままうのみにするというのではないけれども、その人にとっての「よい」を大切にする、それは四肢がどれだけ動かないかという判定とは異なるやり方で受けとるしかないのです。

そして、介助はなくてすむならなくてもよい、むしろ、ないほうがうっとうしくなくてよい、だからいくらでも欲しいということにはならない。これは中西正司（190頁）が言ってきたことで、私もそう思うので、何度も書いてきました。そしてその手前で、上限を決めないでほしいと言ってきたわけですが、そんなことを言う前に、実際には物理的上限はあります。1日は24時間しかないという絶対的な条件があります。精神科の薬のように、たくさん処方されて、本人も困る、お金もかかるというのとは違うのです。

そういう方針でやっていく。それでほんとうに困るようなことが起きたら、私は起こるとは思わないのですが、その時に考えよう。それでよいと思います。

一つ、前から思っているのは、「ながら」の仕事をどう考えるかです。そばにいないとならない、でもその時に別の仕事もできる、その別の仕事が稼ぎにもなるという場合に、介助の仕事のほうはどうしようということがあると思います。まあ、なあなあでいいじゃないかと思いますけれど、家族による介助ではそういう「ながら」の部分も含みこんでなされてきたと思うので、いちおう考えておいてもよいかなとも思っています。

もう一つは、とくにお金で受け取る場合には、たくさん欲しいということはあります。ここではさすがにあまり「性善説」を通すわけにもいきません。これまで本人たちが福祉の「食い物にされる」ことを警戒してきたし、それはもっともです。事業所、法人が、不当に儲けるために水増ししたりするのは防ぐ必要があります。そして、自分たちが事業主になるということは、今度はその立場に自分たちが置かれるということでもあるのです。

病院で学校で職場で

そしてこの数年、さらにいくつか動きがあります。

一つ、入院している人に対して介助者を派遣するというのは、難しかったというかできなかったんです。医療と福祉の二重のサービスというのはけしからん、みたいな理屈で。理屈になっていないと私は思いますけれども、とにかく難しかったんです。ただ、これは兵庫とか京都とかから始まったんですけど、たとえば文字盤を使ってコミュニケーションをする人がいる。そうすると看護師はそれに慣れてなくて、そういうテクニックを持っていないので、皆さんは今日、その初歩的なところを教わるんだと思いますけれども、そうすると入院しても言いたいことが言えないってことになるんですね。それは困ります。ということで、入院時にそういうことができる人を派遣するっていうのがオッケーになったんです。そういうところが扉になって、コミュニケーション支援だけではなく、入院時に介助者が必要だっていう時に派遣できるようになった。皆さんがこれから勉強して、それで重度訪問のヘルパーになったとすると、そういう仕事もできるようになります。

小さなことのようですが私はわりあい大きなことだと思っています。昔、「付添婦」という人たちがいましたが、その人たちにお願いするというのはよくないということで「完全看護」ということになった。しかし「完全」になんか少しもなってないというのが一つですね。そして、だから看護のほうにもっとがんばってもらうというのもありだけれども、別の、自分がよいという人に付いていてもらうというのもよい、そのほうがよいという場合もあるということです。

もう一つ。これまで、学校そして職場で、そしてそこに行き来する通学・通勤のために介助の制度は使えないということになっていました。それをどう変えていくか。

「重度訪問」という言葉が少し知られるようになったのは、2019年の参議院議員選挙の後でした。「れいわ新選組」という不思議な名前の政党から、この制度を使っている木村英子さん（131頁）と、千葉県のALSの人である舩後《ふなご》靖彦さんと、2人が当選しました。そしてさらに、国会議員としての仕事・活動に際してこの制度を使おうということになりました。それで制度も知られ、いくらか議論になりかけています。

まず学校。小学校でも大学でも、学校で使えないというのは、まったくおかしなことです。これは、文部科学省・厚生労働省、どちらの管轄で、どちらが金を出すかといったことも絡んでいるのでしょうか。使う側・働く側にとってはどうでもよいとも言えます。文科省は障害学生支援のための予算を、障害学生何人あたりいくらという計算で大学に出すようになっています。それで足りれば文句はないとして、足りないなら、大学側が用意する仕組みと組み合せて、本人が介助者を使ったらよいのです。実際にも、大学側の対応がまだ十分でない場合といった限定付きで、重度訪問がいくらか使えるようになってきてはいるようです。

労働の場ではどうか。基本、使えるようにしたらよいではないかと思います。さっきの国会議員のことでいえば、議員として選ばれ、仕事をすることになった以上、その仕事に必要なものを提供するのは当たり前、終わり、です。ただ、たとえば、ある人が1を生産する、その仕事を介助する仕事として10の仕事がいるといった場合はどうでしょう。これは理屈としては、なかなかめんどうなところがあるかもしれません。それだけで本1冊書かないとならないような気がします。こういうことに限らず、労働、そしてそれに対する払い・支援というものをどう考えるのかというのは、なかなか厄介です。別途、書こうと思います。

世界的にもけっこう行けているかもしれない

福祉の制度って、日本はだめで北欧とかヨーロッパがいいという話に大体なってます。

かなりの部分、それはその通りなんだろうと思います。ただ、在宅で24時間ということがなんとかできてるという意味では、日本も、あるいは日本は、そこそこ行けてるかもしれないって、ここ10年ぐらい思ってるんです。私は外国にほとんど行ったことがないし、実際のところはよく知らないんだけれども、とくにスウェーデンとかデンマークとか、たしかにましなのかな。だけれども、たとえば福祉国家の先駆ということになっているイギリスなんかだと、全然こんな感じじゃないですよ。とくに医療に関して言うと、NHS(National Health Service)があそこの基本的な制度ですけれども、たとえば、年とって一定以上の年齢になると、サービス使えない、医療使えない。たくさん金があれば医療使えるけど、それは自分に金があればってことだから、そのお金がない人はそこで終わり、みたいなことに、かなりの国・地域がなっているっていう現実があります。

ALS、あるいは筋ジストロフィーも、進行していくと呼吸器つけないと死んでしまう。使えば生きていられます。70とか、80とかまで、このごろはね。だけど、つけなきゃALSだと2~3年ぐらいで死んじゃいます、だいたい。それから、筋ジストロフィーの人たち、とくにデュシェンヌ型っていう人たちは、昔はだいたい10代とか20歳頃に亡くなってました。それが今は40、50超えてもなんとかなる。心臓の機能は保たれるALSの人たちと違って、とくにデュシェンヌ型の人たちの心臓の機能はだんだと弱くなっていくようですが、身体をうまく保ち、呼吸器を使って、生きていられる時間が延びています。それで何が言いたいかっていうと、そうやって生きてる人が、福祉が進んでいると言われている国よりも、多く生きられているということなんです。それはよいことです。そしてそれを可能にしてきたのが、皆さんがこれから研修を受けてできるようになる重度訪問、重訪なんです。さっきはこの仕組みのもとで働く働き手の働き方として、「国際的」にも行けているんじゃないかと言ってみたのですが（65頁）、利用する側からも、このことは言えるだろうということです。でも、それでも生きるのを断念する人がまだまだいます。たくさんいます。もっとこの制度が使いやすくなったらその人たちも生きることができる。その仕事をしてもいいという人が増えてほしいと思います。

第７章

無駄に引かず無益に悩まないことができる

こくりょうを&から動かす

前章までひととおりの話はしました。この章ではまず、ここまでお話ししたことに関係して、今私が少し関わっている企画のことを紹介します。

こちらのサイト（23頁）ではその表紙の下の真ん中ぐらいに「こくりょう（旧国立療養所）を&から」というページが出てきます。そこから情報が得られるプロジェクトです。

国立療養所（国療）というものがあったんですよ。昔あったというか、名前が「国立病院機構○○病院」と変わって、今でもあります。ＧＨＱの指示があり、日本が戦争に負けた１９４５年に、おおむね戦前からの施設を引き継いだりして、国立療養所ってものにしたんです。一部はハンセン病の療養所ですね。これは「らい予防法」っていうよろしくない法律のもとで残ってきて、その法律は１９９６年になくなりましたが、今でも療養所はあります。ただ、その入所者がだんだん年取られて、そのうち療養所も消えてなくなるかもっていうのが一方であります。ちなみにそのうちの一つである長島愛生園《ながしまあいせいえん》というハンセン病の施設は、瀬戸内海に浮かんでるっていうか、浮かんでなくて面している長島にあって、そこがどういうふうに移り変わってきたのかという歴史と、その記憶・記録を残していこうという展示を立命館の衣笠キャンパスのほうで、その大学の生存学研究所が関わってやることになりました。コロナで延びて2021年の2月からでした。

新型コロナは、残念ながらまだ続くと思いますが、うまくいって下火になっていくと、忘れる。皆が皆、覚えているべきだとは私はまったく思いません。嫌なことは忘れたほうがいい。しかし、誰もが忘れてしまうというのではやはり困ります。コロナのこと、もう少し広げていくつかの感染症と人のこと社会のことを調べて、記録して、集めて、整理して、公開するということをやっています。その企画のことを後で紹介します（187頁）。

さて、話を戻すと、国療の大部分は結核の療養所だったんです。それが、戦争が終わって栄養状態などが改善されていくと、結核の人たちが減っていく、症状が軽くなっていくなかで、空いてくる。だからその病院、施設をなくしたかというと、そうではなく、次のお客さんを受け入れた。そういう歴史があるんです。

そこに入った人たちが誰かというと、大きな部分が筋ジストロフィーの人だったんです。私は、その過程・歴史を記した本を書いています。面白い本だと思うんですけど、「またこんな厚い本書いたの？」と言われて、「はい」って、お詫びして回ってはいませんが、

『病者障害者の戦後』（青土社、２０１８）という本です。どういうふうにして筋ジストロフィーの人たちがその施設に収容され、その後どうなっていったかを書きました。

私がその本を書いたことと直接的な関係はないんですが、この本のもとになる『現代思想』での連載をしている間に、ＣＩＬの一つである京都の「ＪＣＩＬ（日本自立生活センター）」（１０２頁）、そして兵庫県の西宮にある「メインストリーム協会」（１８１頁）あたりからの動きが始まります。

先日改めて話をうかがうと、メインストリーム協会の場合にはさらに遡ったところから活動が始まっているのですが、そこは飛ばしてしまうと、始まりは、古込さん（92頁）という、２０１７年の秋、37年ぶりに、金沢市にある医王病院という国立療養所を退院し、金沢で暮らし始めることになる人の支援でした。金沢にはＣＩＬもないし、重度訪問の制度もなかったんです、当時。そんな状況で、いろんないわく因縁があり、全国障害者介護保障協議会（80頁）と、それに関わる東京・関東のＣＩＬの関わりがあり、さらに京都と兵庫のＣＩＬの人たちが関わりました。そういうことがあって、その病院から古込さんが退院しました。古込さんは、筋ジストロフィーのある種の型、デュシェンヌ型っていう型の人ですけど、この型の場合、昔は20歳になる前に亡くなる人が多かったんです。今は40

代50代って普通になって、寿命は延びてるんですけど、それでも古込さん、２０１９年の春に亡くなられて、それは残念なことだったんですが。ちなみに彼が生前書いたものもこちらのホームページに掲載していますので、よろしかったら見てください。

で、その、京都、それから兵庫での動きを、全国的に展開しようという動きが始まっています。僕も少しそれに関わっています。それが今起こってるできごとです。そんなことも、『毎日新聞』にちょっと載ったり『京都新聞』にちょっと載ったりしてるんですけど、そんなにみなが知ってるはずはない。だけれどもそうやって、たとえば京都だと宇多野《うだの》病院っていう病院が旧国立療養所なんですね。そこから出てくる人、筋ジストロフィーで出てきた人が、２０１８年、２０１９年、２０２０年と、それぞれいます。

古込さんは医王病院に37年いました。その病院で、死なずに病院を出た人は彼が初めてだと言ってました。退院した人がまるきりいなかったということではないんでしょうけど、彼と同じような境遇の人ではいなかった。つまり「死亡退院」というのですね。死ぬまでいるしかない。死ぬ前に出たのはその病院が始まって以来初のことだった。「え？ 今でもそんなことあるの？」って思うようなことですが、あるんですね。そういう状態を良くしようっていうことで、いま動きがあるってことはご紹介しておきます。「障害学会」という学会があって、その2020年の大会のオンラインでのシンポジウムがこのテーマのもので、私が聞き手を務めました。その記録が『障害学研究』（発売・明石書店）に掲載されます。さらに、その記録をまとめて出版していこうと思っています。

そうして、施設・病院を出るじゃないですか。出た時に、そういう重い障害があって暮らすためには介助が要ります。介助のためには介助者が要ります。その介助者が得られ、いることによって暮らしていけます。というようなこともあって、こういう研修もあったりするのです。と、こうつながります。

ただ、「そこまで思い込まなくてもいい」っていうのが一個ね。軽い気持ちでとりあえずやってみて、他より面白いかもしれないアルバイトとしてやってみる、というのが一方であるよって話が今日の前半の話でした。で、後半の話は、一方でそうでありつつ、でも、どういう、長い、言うたら重い歴史・事実がもとにあって、それによって制度ができ、制度を使う事業所ができ、事業所を回しながら人を暮らしていけるようにしているってそういう流れ、その全体の一部でもあるっていうお話をしたんだと思います。

こうして、介助の話を少しでも広げていくと、とても1冊では終わらないんですが、この国養~筋ジス企画を進めていくうえで押さえておいたほうがよいと思うことで、

2019年の秋、「DPI日本会議」の政策討論集会というところで話したことがあります。ちなみにDPIというのは「障害者（ディスエイブルド・ピープルズ）インターナショナル」っていう、かっこいい名前の国際組織です。その集会での報告の記録を再録したうえで、「専門家」向けに少し内容を加えた文章があります。『社会福祉研究』（鉄道弘済会）という雑誌からの依頼で書いた「無駄に引かず無益に悩まないことができる」という題のものです。さらにこれに少し手を入れたものが、以下、本章の後半になります。

止められないという基本

2017年の6月に、直接的には相模原事件（56頁）のことでDPI日本会議の集会で講演をした記憶があります。たしかその時に言ったと思うんですけれども、DPIがいろいろ差別事例というものを集めてきましょうっていうことをしている、それもけっこうなことではあるけれども、かくも明白なというか、巨大な規模の施設収容っていうものがもう何十年と続いていて、それがさして知られぬままに、そして運動の側もなんとなく触ってこないで長い時間が経ってしまったということを、まじめに、真摯に、受け止めなきゃいけないと、そこから運動っていうものを立ち上げていかないといけないんだってことをその時に申し上げました。

それから2年少したって、いくらか運動が前に進み、具体的になってきたっていうことは、望ましい、好ましい、喜ぶべきことだと思いますけれども、まずは、基本的なところで、なんか忘れてきたというか、手をつけてこられなかったということは、何度でも深く受け止めなきゃいけないと私は思ってます。これはＤＰＩに限らず、障害者運動が、なんとなく病院にいる人たちは病人で、みたいな、そういう意識もあったのかもしれませんけれど、それだけでもない。それだけでもないなかで、もとは結核療養者を収容する施設としてあった療養所が筋ジストロフィーや重症心身障害児の人たちの収容を始め、そしておおむね知られることもなく続いてきました。それがどういうことだったのかは『病者障害者の戦後』に書きました。

その歴史的事情にはなかなか複雑なものがあります。ただそのうえで、基本的な立ち位置は単純であって、そこから始めようということなのです。どういうことかというと、一つ目はですね、やはり今の状況が、人々が今置かれている状態が、普通におかしいんじゃないか、いや、「じゃないか」ではなく、おかしいという認識です。障害者権利条約だとか差別なんとか法だとかっていうことの前に、患者の権利法がどうだとか言わなくても、人が住んで暮らしたいところに住んで暮らし、行きたいところに行けるっていうことは、妨げられてはならない権利であるという自明のことです。

つまり、なにかよいことをしようという、そういう水準の問題では、本来は、ないということです。居住のことを言いましたが、たとえば作業所だとか人が集まる場所のことでも同じです。反対運動が起こったりして、実現しない、悲しいことだ困ったことだと言われる。実際にそういうことはたくさん起こります。しかし、そういうなかで、社会の、地域住民の理解を得ようということの手前で、それはそもそも反対できるようなことなのかと考えるべきであり、反対など、基本的には、できないことなのだという認識から始めるべきだということです。

「本来は」、ですよ。実際にはそうではない。だから、権利条約でもなんでも、使えるものはなんでも使おう、ということにはなります。しかし、その前に、反対できたり禁止したりできることなのか、そうではなかろうということです。そういう自明なことを言うのは、たとえば、金沢の医王病院から37年の入院生活を経てそこを退院して暮らされた古込和宏さん（92・170頁）の退院について、その親の承諾がなければ退院させられないと病院の側は言い、さらに実際そのように信じていたようであることです。そしてまた、病院・医師が、自らがその許諾の権限を持っていると思ってしまっていて、実際そのように振る舞ってしまうということがあったということです。現実はそういう水準にあってしまっている。だから、わざわざこの自明のことを、残念ながら、確認せねばならないということになります。

そういうことを言うと、能天気な自己決定主義者みたいに聞こえるかもしれませんけど、私はそんなに竹を割ったような性格ではなくて、実際に生命の危機というものが存在するような事態においては、ある種の強制というかパターナリズムの実行というものはやむをえないという立場です（195頁）。ですから、安楽死の法制化に反対してもきたのです。そういう、本人が言ってるんだったら何でも100％聞けばよいとは思わない私でさえも、やはり今起こっていることはおかしい。人を人がいたくないところに留め置くこと出さないことの正当性を挙証する責任ってものは、とどめる側、止める側、出さない側にあるわけです。それがちゃんと言えない、証明できなければ、そんなことしちゃいけないに決まってるわけです。で、そこのところを何度でも自ら確認し、組織として確認し、政府に対して主張し訴えていくってことをまずはすべきだと。それがまず基本的な確認のポイントです。これが一つめです。

それを実現することはできる

二つめは、出るはいいけれども暮らしていけるのかです。答えとしては、暮らせるようにするしかない、困難だけれども、という答えしかありません。これはどちらかというと、サービス提供をやっているＣＩＬ（自立生活センター）系の組織が関係することですけれども、それら組織が、これまでそういう、俗に言う「医療的ケア」が必要な障害の重い人たちにちゃんとサービスを提供するようなことをできてきたかというと、正直そうでもないところがたくさんあるのは事実です。けれども、やれてこれるようになった地域・組織もたくさん出てきたってこともまた事実です。

ですからそっちの、できてきているほうに近づけていくしかない。それは可能です。基本的には同じ制度のもとでやれているところがあるからです。それは、京都にもあるし、兵庫にもあります（170頁）。だからできるわけです。それが二つめのことですね。できるから、やる。もちろんそのためにはお金が要る、そのお金は政府から引っ張ってくるしかない。そういうこともこみこみですけれども、そういうことをしていくってことが、二つめのことだと。そのことによって、そもそも権利としてっていうことプラス、それが実際に可能な仕組みを作っていく。

そのために、まず日本の障害者運動が、一番重い人から、最重度の人を出発点にするんだと言って、これまでやってきたことは、たいへん重要なというか、立派な立ち位置だったと、僕は思いますし、素晴らしいことだと思います。そして、たとえばＣＩＬが派遣事業をするというのは、むしろ世界的には珍しいことかもしれない。それは、やむをえず始めたところもある。このことも認めましょう。けれどもそのことによって、その組織はある種の力を持ってきてはいるわけですよ。自分たちが頑張って介助者集めてトレーニングして、提供すればいろんな人たちが街で暮らせるようになるのだから、それをやっていく。そういう意味では確認すべきポイントは一つで、実際に行なうべきことも一つで、きわめて単純なことなんです。

しばしば、理念を掲げ社会を「ラディカル」に批判する運動と、「ものとり」の運動とが対置され、ときに対立させて語られることがあります。たしかに、反抗的か協調的か、等々、「乗り」の違いというものはあるわけで、わからないではありません。しかしこれは基本的にはおかしなことです。

介助が得られずに地域で暮らせないというのですから、それが可能になるために人を集めるのは立派な社会運動です。そして、今その仕事をする人を集められないことが問題であり、それは介助の仕事で働いてもよいというだけのお金を結局は政府が出していないことが問題なのですから、要求し実現していく。それはきわめて大切なことです。そしてそれは、「優生思想」に対峙し、そんな気分が世の中を暗く覆ってしまわないようにするための現実的な手立てでもあります。だから、それは反優生思想の強力で具体的な運動でもあります。

「内なる優生思想」という考え方にはもちろんもっともなところがあります。ただ、心優しい人たちが自分のことを思って、私にも優生思想的な部分があるとか思って、それを根絶するのは難しいよねとか、反省してしまって立ち止まってしまうのは、損なことだと思うのです。根絶なんかできないと居直ったってよい、しかしその濃さを薄めることはできるということです。そのためには、自分だけで世話を背負いこんでその負担で暗くなり殺しそうになったりするその度合いを減らすことです。

そういう仕組みを私の知る皆さんの運動は作ってきた。それが意外にも知られていないから知ってもらおうと思って本やらいろいろと書いてもきました。ただ、まだ知られてない。皆がみな知るべきだとは言いません。けれども、一番知ってなきゃいけない専門職の人たちがあきれるほど知らない。介護保険のことは知っているけれども、「重訪（重度訪問介護）」のことはほとんどまったく知らない。それではたいへん困るわけです。知ってるはずだと人々が思う人が知らないとなると、人々は存在しないと思ってしまう。ほんとにないなら仕方がないかもしれない。あるいは作るしかない。けれども実はあるわけです。あるものを知らないことによって人は人を殺してしまう、あるいは自分を殺してしまう。それはとてもよくないですよ。もっと知ってもらうように私たちもできることはします。それでこの本を書いています。知ってるはずの知らない人たち、専門家たちももっと積極的に情報を得ようとしてもらいたいと思います。それでこの本の拡大版電子書籍も作ろうとしています（23頁）。

「相談支援」をまともにする

とくに、長く「娑婆」で暮らしてこなかった人が暮らそうとするなら、環境が大きく変わります。変わるから出たいのでもあるけれども。慣れてないところに出ていくわけだから、なかなかたいへんなんです。社会が世界と世界との差を大きくしてわざわざたいへんにしているとも言えるわけで、ほんとうはそれが問題なんですが、現に差はある。世界から世界に移ることを援助する仕事が発生します。他方、ときに同時に、身体自体が変容していくことがあります。それに自分もなかなか慣れないなかで、周囲の人たちとの関係も、うまくいかなくなるといったことがあります。この本は介助の話なんで長くはしませんけど、「調整の仕事」と第4章（108頁）では言いました。さらに、「ソーシャルワーク」という仕事の本来の大きな部分はそういうところにあるはずです。行政的には、そっけなく「相談支援」と呼ばれています。

それは、誰にどれだけかかるかわからない。もともとそういう仕事です。ときにとても手間のかかる人手のいる仕事です。

ただ、それに関わっている京都と西宮の組織は、それが自分たちの使命だと思っているから、そして、介助派遣のほうで大きな事業をしていてその「あがり」で金にならない仕事をしていくことができているから、することができています。さきに話した古込さん（170頁）の時も、「日本自立生活センター（JCIL）」が京都にあり、「メインストリーム協会」が西宮にあって、この組織の人たちが金沢まで出向き支援したのがこのたびの「こくりょう企画」につながったところがあります。そしてこの二つはいずれも大きな事業をしています。しかしそうした身体障害の利用者が多い自立生活センターなどと異なり、これといった収入源はないから「精神」の方面の相談支援の仕事・仕事をする人・組織はさらに厳しい。こちらで博士論文を書いてそれが本になった萩原浩史さんの『詳論 相談支援』（2019、生活書院）が詳しくその様子を描いています。その本に収録してもらった「解題」に私もいくらかを書いてみましたが、ややこしい経緯があって、そのあげくすかすかの役に立たないものだけが残ってしまいました。いやになるほどの、笑ってしまうほどの複雑な制度ができ、よくわからない変遷をたどってきたその経緯がその本で描かれています。そうしたなかで、仕事を投げられた地方行政は、ますますこの制度がなんであるかわからなくなり、地方政治の変遷にも左右され翻弄され、結果、事態はさらに厳しくなっています。

その現状の一部が、それを仕事とする人たちによって引き起こされたのであれば、同情はできないと突き放したくもなります。しかし、「地域移行」が進まない要因の一つはここにあります。一方に金がかけられず使えない仕組みがあり、他方の「精神病院体制」は強いままです。その格差に規定されているところがあります。だからやはり現状は変えねばなりません。そのことは『精神病院体制の終わり――認知症の時代に』（2015、青土社）に書きました。そんなことが書いてあるとは思わないでしょうけど、もちろんとても関係しています。

書類1枚につきいくらというのはすっきりしてよいではないかと思ってしまうところはあります。しかし、医療は、一部を定額制にといった――いくらかはもっともなところがある――変化はあるものの、おおまかには、仕事の量が多くなれば多くが得られるようになっています。すくなくとも、書類を一つ作ってそれにいくらか払われて終わり、ではなく、管理職だけをしている人の人件費も含めてやっていけるような支払いの仕組みになっています。そして病院のほうについては、自治体の持ち出しが少なくてもすむといったことも作用しています。まず、一方にそういう世界があることに、二つの世界の差に気づいてさえいないということがあります。

そして、この不均衡を何がもたらしているのか。やはり『精神病院体制の終わり』に書いたことですが、一つには、病院・医療の側が、「福祉」の側と異なり、影響力を有し行使してきたという事情があります。それでどうしようか。基本的には難しいことではありません。やはり同じ本で述べましたが、「(相談)支援」についてまともな仕事をさせることです。計画(書)1枚に対してではなく、仕事に対して、仕事に応じて払うことです。一つの尺度としては働いた時間を使い、その時間に応じて払う。一定の人口に同じ程度の必要があると大雑把には言えるから、何人かを雇って、そのための仕事をしてもらうのでもよいです。それではアバウトだと思われるかもしれませんが、世の中には税金や保険料を使って行なわれているもっとアバウトなどんぶり勘定な仕事がたくさんあります。おおまかにそうしたうえで、ときに現れる問題に対処したほうがよい。無駄な、さらに有害な介入はときにありますが、それはそれにかかる金を減らすことによって減らすべきでなく、別のやり方をとるべきです。

そして次に、基本的には、支援（全般）、たとえば介助と相談支援は分かれないと捉えたほうがよいと考えます。「専門職」の人は受け入れ難いかもしれませんが、また仕事の厳しさによって加算があってもよいとは思いますが、そう考えたほうがよいと私は思います。一つに、基本的に、両者は人の生活に必要だという点では同じです。一つに、とくに「精神（障害）」の人の場合、話を聞いたり引っ越しの手伝いをしたりすることについて、相談支援――そもそも「相談」という言葉を使うのがよろしくないというのも萩原さんの本で言われているまっとうなことの一つです――とそれ以外の支援とを分けてどちらなのかと問う必要もありません。経験値といったものの差異はあり、分業はときに必要で有効だとしても、基本は連続的なものと見たほうがよいということです。萩原さんから、幾度か（幾度も）いつ終わるともわからない延々とした、また突発的で不定形な仕事のことを聞いてきました。そしてそれに萩原さんははっきり「意気」を感じています。それは、吉村夕里《ゆり》さんがその博士論文、をもとにした著書『臨床場面のポリティクス』（２００９、生活書院）を書いた動機でもあります。今「面接」の場で何が起こっているかをたんたんと記していくその本は、自分たちがしてきた、そして今できなくなっている、そしてこれからするべき「ソーシャルワーク」の仕事は、机を隔ててマークシートをチェックしていくとか、そんなものではないはずだという思いから書かれています。

カウンセリングの技法とか理論とかそんなことをいろいろと論じることはもちろん大切でしょう。しかし、「ソーシャル」ワークとはそういうこと（だけ）ではない。そう言うと、それは一部の「熱い」人たちのことだと返されるかもしれません。しかし、支援がどういうものであるべきか、あるしかないかは、そう思っている人が全部ではないということと別にきちんと言えます。そして、そこから引かないことで、そして、他のたとえば医師の仕事への支払いは出来高払いではないかといったことを加えていくことで、獲れるものを獲っていくことができるはずです。そして人を病院にとどめておくことに種々の事情があることはあるのだが、それでも、「移行」やそもそも病院・施設に行くことを少なくしようとするのがよいことであることは認められているのだから、そのために効果的・効率的な仕組みを考えるなら、いま述べた仕組みが採用されるのがよいと確実に言えるはずです。

研究を仕事とする私たちは

さて私は研究者をしています。ここでの主題については「こくりょう（旧国立療養所）を&から動かす」というページを、生存学研究所のホームページの一部として作っています。わりとまじめに作っているので見てください。そこから、この動きの一つのきっかけともなった古込さんが生前に書かれた文章、私や私の勤め先の大学院生が彼に行なったインタビューの記録、記事などを掲載している古込さんのページにリンクもされています。また、今日の朝起きて作ったんだけれども、古込さんに続き医王病院から出ようとされているなか、古込さんが亡くなった同じ年の同じ月に亡くなられた斉藤実さんのページもあります。斉藤さんが生前残されたわずかな言葉、わずかな手紙、そうしたものを掲載しています。今日の集会の記録も文字起こしして、そして掲載しようと思います。

２０１７年度から２０１９年度は、国の科学研究費（科研費）を得て「病者障害者運動史研究」というのやっていましたが、それに続くものとして「生を辿り途を探す――身体×社会アーカイブの構築」という書類を書いて応募しました。それを、研究費がとれようととれまいと、ずっと、続けていきます。

と言いつつ、当たるつもりでいたのですが、2020年度は外れました。もう一つ、この年（2020年）6月、「現在直面している新型コロナウイルス感染症に起因するさまざまな社会的事象の把握」のための研究開発にお金を出すという募集があったので、「COVID-19から世界を構想する」という草案を私が書いて、普通に書類が作れる人々が直してまともな書類にして応募したものも、外れました。いずれについても、私の書類作成能力を棚に上げても、上げなくても、なんということであろうと、まじめに思いましたが、今も思っていますが、仕事は続いています。前者の書類の全体・後者の書類の私の草案の全文を、やはりこちらのサイトで読んでいただけます。また応募することになるでしょう。こういうことが一つ、私たちがせめてできる一つの仕事だと思っています。

もう一つは、基本は単純だって幾度か言いましたけれども、だけれども一個一個の政策の動向であるとかその把握・評価っていうものは、やっぱりそれなりに分析的に分析しないと、やはり道を間違えるわけです。これはただ記録を取ってホームページに並べるってだけじゃなくて、いささかの分析的な知性というか、分析力というものが必要になってくる。社会科学というものはそういうことをするものだと、ものであるべきだと思います。しかし残念ながら日本の社会科学ってものは、そうした力をほぼ持っておりません。それは大変嘆かわしいことです。呼びかけて、助力できることは助力してですね、分析を進めていく。分析する、そしてそのためにも言葉を記録を集めて整理して皆さんが読めるように見れるようにする。せめてそうしたことを、学者、研究者としてやっていきたいと考えています。

第８章

へんな穴に落ちない

自己決定主義について・1

介助のことに限らないのですが、大きく二つの方向があります。「自己決定主義」の方向と「関係大事主義」の方向です。私自身は、この二つの間に、そんなに深刻なそして本質的な対立があるとは思っていません。そして議論は終わっていると思っています。それでもまだあれこれ言っているのは少し不思議です。ですが、いちおう確認しておきます。

まず、自分が自分のことを決めるのは基本的には間違っていない、しかし、それをまじめに、というか間違って信じすぎるとよくない。そのことを言います。

自己決定主義が最もはっきり書かれているのは、岩波新書『当事者主権』（中西正司・上野千鶴子、2003）かもしれません。著者の一人の中西さんは、第4章（102頁）で紹介したJILや、第7章（173頁）に出てきたDPI日本会議などで活動してきた人です。私はその本のための、著者たちと編集者との最初の打ち合わせに立ち会ったことがあります。すっきりはっきりしたその本は、なんでも自分で決めるのが（他人に指図するのが）よい、それが自立だ、的に読まれうるのかもしれません。そこで、実際にはそのようにはやっていけない、とか、それがよいと言い切れるか、的な話が延々と続いてきました。その本に書いてあることとは話の文脈の異なる「介護者手足論」といった言葉もそこに混ぜられてきました。私はこの種の議論については言うべきことははっきりしていると考えてきたし、そんなことより別のことを調べたり考えたりしたらよいのにと思ってきました。それでも、整理はしておく必要はあろうと思うから、少し言います。

まず、「自己決定主義」には十分ないわく因縁があります。その人自身が自分に関わることを決めたほうがよい理由は簡単です。一つ、多くの場合、自分にとってよいことは自分が知っているからであり、一つ、他人に委ねると他人が勝手なことをするからです。自分の生活が他人の心情やら都合やらに左右されてしまって困ってきた。それではよくないから、自分で決めるから言われたとおりにしてくれ、ということです。それで、あくまでも主体は自分であると主張し、介助というのは言われたとおりにさせることであり、介助者は言われたとおりにすることだ、ということになります。

だからちゃんと理由はあるのですが、しかしこのことは、いつも一つ一つを指図するのがよいことだ、ということを意味しません。あらゆることを本人が決めねばいけないかというと、そんなことはないに決まっています。一つ、決めて指図するのは面倒です。まず、いちいち決めるのは面倒です。私たちは、多くの場合に意識することなくいろいろな動作をしています。これから行なうこと、今行なっていることをいちいち意識しなければならなかったら、かえってうまくいかないということもあります。次に、それを他人に伝えるのにかかるコストがあります。つまり、いちいち意識の回路に乗せて、言語化して、他人に指示するのは、本人にとっては負担で、そしてそのコストが他の人よりも余計にかかる人もいます。なのにいちいち考えて指図せねばならないとしたら、それは面倒だという場合はあります。すると、自分で一つ一つみな指示しなくとも、自分のよいようにことが運べば問題はないということになります。

そしてもう一つ、自分が自分のことをいつも決めねばならない、自らを自らが統御せねばならないと思う必要もありません。「よきにはからえ」ということがあってわるいわけではありません。自分のことを自分でしなくてすむのが最高に贅沢、ということもあります。なのに、なんでも自分が決めるのがよい、決めるべきだと、決めなければならないと、まま正直に受け取ってしまって、まじめになったり、まじめになりきれなくて悩んだりする人がいます。それはかえってよくないということです。手を抜くことができ、それで問題が生じないのであれば、問題はない、さらにそのほうがよいこともあるということです。

ただ、そうして面倒だからとほうっておくと、だんだんと委ねていくと、いつのまにかいいようにされていること、他人に都合のよいようにされてしまうことがあります。そういう歴史があります。歴史というだけでなく、今もいくらでも起こっているし、これからも起こるでしょう。だからそのことに気をつける必要はあります。わざわざ「自立生活プログラム」といったものを行ない、自分で決めて指図すること、そのやり方を一度は教えこむことの意義はやはりあるわけです。

人にまかせきりだと勝手なことをされる。そして何が自分にとってよいかは自分がわかる。だから自分が決める。ただ、いちいち指図するのは面倒だ。だから問題ないならさぼるのもよい。しかしそうして油断していると好きなようにされることがある。気をつけよう。それだけのことです。この構図をわかっておくことです。難しいことではありません。

自己決定主義について・2

もう一つ、その人にとってのよしあしとは別に、その人が決めるというそのこと自体によって、その決定が大切にされねばならないという捉え方もあります。その人の意志、決定、その実行は、その人における大きな部分ではあるでしょう。とすると、その人を尊重するなら、その人の決定を尊重しようということになります。はたから見ると、そのようにその人で決めて行動したらかえってその人は損するのではないかと思うところはあるけれども、それでもその人がそうするというのであれば認めようということがあります。

しかし、その人の決定は、当たり前ですが、その人が生まれ暮らしてきた社会にある価値観や、お金があるとかないとか様々の事情に左右されます。こういう場合にはこう決めるのが当然だとか、かっこいいとされることがその人の決めることにおおいに影響します。だからといって、その人の決定は「本当の自己決定」ではないから無視したり否定したりしてよいといったことにはなりません。というのも、私たちのほとんどの決定はそんな性格のもので、「本当の自分の」決定しかだめとなったら、実際の決定のほとんど全部を無視・否定してしまえということになってしまいます。また、社会の価値に沿うような決定がだめだとも普通は言えません。むしろそれは望ましいとされることが多いはずです。

このようなことを確認したうえで言えることが二つはあります。一つは、その人の決定をその人に固有のものとして至上のものであり不可侵のものであるとまで持ち上げることはないということです。一つは、その人が決めたというその中身が、その人を大切にするというその価値に反する時には、それはそのまま受け入れる必要はないということです。

そうすると、その人の決定がその人を傷つけ破壊するような場合には、その人がこう決めたということを押しとどめることも認められてよいということになります。さきに紹介した、とてもはっきりすっきりした自己決定主義者である中西正司（190頁）であっても、安楽死・尊厳死を社会的に認めることにははっきりと反対しています。ものを単純に考えすぎる人はそこに矛盾があると思うかもしれません。しかし、実はそこに少しも矛盾はないということです。そのことをこれまで幾度も述べてきました。

世話すること言われた通りにすることをまずきちんと肯定する

こんどは介助する側のことです。その仕事は、たいへん気を使ったり工夫を要する仕事であることもあります。しかしときにはそれを必要としない、あるいはそれを意識的に抑えるべきこともあります。この仕事には二つの性格がある、両極の間にいろいな度合いのものがある。もともとそういう仕事です。

ただその仕事をする人たち、というか、そういう人たち関係の学会とかで学界・業界を代表していると思っている人たちは、自分たちの価値が低くされ待遇がよくなく、それを向上させたいと考えています。それで、この仕事がたいへん高度な仕事であり、専門性を有する仕事だと言います。専門性にはいろいろな定義がありますが、「自律性」、つまり仕事の中身を（相手＝利用者ではなく）自分たちが決められるというのもその一つの要素ではあります。わからないではありません。そんな部分もあることはあります。しかし、それはときに、この仕事で一番大切にされていること、そして毎日実際にやっていることを低めてしまうことになるとさえ思います。

それは、看護職の人たちが「看護の専門性」を言う時に、すこし力が入りすぎることがあるのと同じです。その業界の先祖としてはナイチンゲールという人がいて、私は、あの人はよいことを言っていると思います。「療養上の世話」が仕事だというのは法律でもそうなっています。もう一つ、「診療の補助」の部分について、「補助」でなく自分たちでやれることを増やすことで専門性を高めようとします。実際、医師に指図されずできるようになる仕事ってたくさんあると思いますから、その主張はもっともな主張ではあります。ただ、そういう力点の置き方をすると、明らかに大切である「療養上の世話」のほうはどうなんだ、そちらのほうが大切でしょうよ、ということになります。

同様のことが介助についても言えます。人に言われた通りにする仕事が、だめな仕事だとは少しもなりません。必要なものは必要なのであり、その必要な仕事をするのはよいことであるに決まっています。なにか「創造する」仕事を本来の労働であるとして、そういう労働をまつりあげるという習慣がたしかにある時代から地球上の一部の地域にあって、それが世界に広まっている感じはします。しかしそのまねをする必要はありません。

世の中に「クリエイティブ」な人ばかりいたらうるさくて仕方がないのです。日本という国で、「私が私が」と強調することが、すくなくとも表向きには恥ずかしいことになっているのは、たとえ建前としてはということであっても、そんなに介助の仕事を低くは見ないことに関係しているかもしれず、それはよい習慣だと思います。

私は、頭にせよ身体にせよ、より疲れる仕事には加算があってよいという立場です。リスクがあり、責任が重い、気が重いといった場合、また難しくてできるようになるまでに手間がかかる仕事の場合には加算があってよいと思います。そういう意味では、この仕事の「ある部分」については、加算がつかないことはあるでしょう。ただ、その「基本給」をきちんとした水準に持っていくことが必要で大切で可能だと、第1章で言いました。

しかし人と関わり身体が接するので

基本、介助が必要な人が介助する人に指示する、介助する人は基本、指示されたことをする。たんたんと機械のように、でよいとして、しかしここで実際に行なうのは人間です。だから、それに徹することはできない、すべきでないという場合もあります。

それは体に触れる行ないです。誰でも知っていることです。そこには羞恥があることもあります。私の知人で、第5章で紹介した安積遊歩（115頁）は、トイレのドアをあけたままだって私は気にしない、気にしていられないと言いますが、やはり第5章で紹介した三井絹子（130頁）は、府中療育センターで婦長さんに気にしなければいいと言われて、言い返したことを紹介しました。私はどちらももっともだと思います。では、どちらももっとだとした場合に、どうするか。基本的には人には羞恥心がある、あることを前提にして対応するのがよいだろうということです。そのうえで、気にならなければならないわけではない、ということです。気にならないということであれば、それを認めるということでよいと思います。人と人の関係である限り、人と人の間の関係であるからこそ、間の距離をとったほうがよいし、無理な要求を聞く必要はないということです。

もちろん、それがそうそう簡単にはいかないというのがこの世界で起こることですよ。身体と身体の接するところに起こるできごとを書いた『介助現場の社会学——身体障害者の自立生活と介助者のリアリティ』（前田拓也、2009、生活書院）という本もあります。

同じ著者が、『セクシュアリティの障害学』（倉本智明編、2005、明石書店）という本に「パンツ一枚の攻防——介助現場における身体距離とセクシュアリティ」という章を書いています。それを読んでも、意外になんとかはなるものだということと、だからといって気にするなというのは乱暴だということ、やはりそういうふうに言うしかない、その間でやっていくしかないということです。

ですから、やっかいごとはいつまでもなくなりませんが、どうにもならないわけではない。そして人と人が関わるということは、もちろん、やっかいなことだけを生じさせるわけではありません。もう一つ、当たり前のことですが、介助者はその相手と、既に友人であってもよいし、その仕事をきっかけに友人になってもよいに決まっています。どちらかがそういう関心がない場合、そしてきちんと仕事をしてもらうことを優先するというなら、それはそうしたほうがよいでしょう。また、友人なりなんなりは別の場で得ればよいというのがこれまで何度か出てきた中西の主張で、もちろんそれももっともではあります。しかし、うまく仕事が進むことと、仲がよいこと、両立するならそれはそれでよいのです。

だから、問題はこのことではありません。仲のよい人間関係があることはぜんぜん問題ではなく、そのような「人間関係を築けなければ介助者を得られないというのはおかしい」ということです。ボランティアを集めるのも辛いよねというところ（138頁）で言いましたが、人が寄ってくる魅力を要するということになると、そんな人間に自分がならなければならない。そういう人間になるのはよいことでしょうけれど、介助が必要だからといって余計にそうならねばならないというのはおかしい。なろうとしなければならないし、なれないこともあるだろうし、なれないならそういう人間であるふりをしなければならないということになってしまいます。それはよくない。平凡な人間であっても、さらに、いやな人間であっても、介助は得られるべきであって、人間的魅力が介助を得るときの必要条件になるというのはよくないということです。

「介助者手足論」についていちおう

ごく一部で知られているだけの話ですが、「介助者手足論」というものが論じられたりすることが時々あります。介助したり、使ったりという生活のなかではいくらかリアルな部分があるということもあるでしょう。そして単純に捉えると、わりあいわかりやすい話で、論じやすいということもあるでしょう。そんなわけで、いくらかの人がこのことについて書いていたりします。卒業論文とか修士論文ぐらいで取り上げられることがあります。

健常者は障害者の「手足」であるべきだと主張されたことがあるという話から始まって、さきほど書いた、そうもいかないよねという話が入ってくるという仕掛けの論が多いです。しかし、一つ、そんなことは、しばらく考えればわかることです。決めて、それを実現するための手段として、他人の身体を使う。働く者はそれを受けて、そのように働く。基本はそれでよいとしました。そのうえで、危害を加えないとか、双方の羞恥心に気を遣うことです。手足になりきることはできないし、すくなくとも文字通りの意味では、それに徹しなければならないということにはなりません。本人のことを斟酌したり先回りしたりするほうがよいこともある。そして、手段として動きながら、仲良くなってもよい。ただ、仲良くならないと仕事をしてもらえないというのはよくない。そういうことです。今まで書いたことです。他に調査したり考えられたりすべきことが山ほどあるのに、それはほうっておいて、このことばかり取り沙汰されるのはいかがなものかと思います。

そしてこの主張は、誤解されているところがあります。それは、日常の生活の行動についての主義主張というより、社会運動を誰が主導するかに関わるものでした。この件でなかなかたいへんなことになったのは関西なんですが、その介助の現場では、双方の実際の関係は濃すぎるぐらいに濃いものであったり、本人の指図はごくごく大雑把なものであったりしました。そんなことを気にして、どうこうということではなかったのです。ただ自分たちの主張が、支援する人たちによって左右されたりはしたくないという気持ちがあり主張がなされました。多くの障害者が学校にも行けず行かずという時期でもあり、弁が立つという人はあまりいない。そして、運動が進んでいくと、自らは特段の努力をせず知識なくなんとなく「自立」する人たちが出てくる。他方、学生運動あがり、学生運動くずれの健常者は、介助者であるとともに運動の支援者であるということがありました。またその運動の一環として関わる人たちがいました。おもに脳性まひの本人たちがあまりのんびりなのに苛立ち、いくらか先走ったり、さらに仕切ってしまったりすることがあったのです。それを止めようとしたのが「手足論」ということになります。そして、運動はあくまで本人が中心にやっていくのだということになります。

それは絶対の原則かと問われれば、私にはためらうところがあります。むしろ「当事者だけ」を批判することのほうが簡単かもしれません。障害者同士とか言っても、障害の種別によってだいぶ違うではないか、身体障害の人が知的障害の人に関わるほうが、健常者が知的障害者に関わるのよりいつもよいと言えるか、とかです。「いつもか？」と問われればいつもではないでしょう。ですが、やはり、基本的には、本人たちの主張そして本人たちの運動が尊重されるべきものだとは思います。そして、その運動においても、実際には本人でない人にも意見が求められてはきました。そして、ちゃんと考えていけば、やはり基本的には、ですが、見いだされる方向や戦術が異なることにはならないはずです。そのことは、福島での障害者運動の歴史についての本『往き還り繋ぐ』(青木千帆子他、本書12頁)に収められている私の章「分かれた道を引き返し進む」でも書きました。

「関係大事主義」について

「ケア」を言いたい人は、関係を大事にして、だから、制度だとか、お金だとか、事業所だとかいうものを好まないということがあるようです。私は、そちら側の人間ではあまりないのですが、そう言いたい気分はわからないではありません。詳しくは次の本で書きますが、簡単に、ここでのポイントを一つだけ、言っておきます。

「ケア倫理学」というものがあります。言われることはまあまあもっともです。それは、これまでの倫理学が「独立」した人間を前提しているが、人間は「独立」した存在ではなく、むしろ「依存」する存在なのだといったことを言います。また道徳というものは、天から降ってくるものではなく、人と人の具体的な関係において育まれていくものなのだといったことを言います。それはそうなんでしょう。そして私たちのいくらかはこういう話が好きです。ほろりとしたりするのです。そんなこともあって、少しはやりました。

まったくわからないのではありません。そのうえで言っておくことは一つです。個別の具体的な関係というものを、あまり重く大きく見すぎることはないだろうということです。

誰かのことが好きになって、それでがんばろうということはあるし、あってもよいのでしょう。さらにそんなに幸福なことばかりが起こるとも限りません。ケア倫理系の人たちは素直で幸福な人たちが多いので、そうでもないでしょうが、ちょっと倒錯した人たち、つまり「ぬきさしならない」ところになにか輝きのようなものを見いだす人もいます。こういう「ずぶずぶ」の話も、私たちは実はかなり好きです。出会い、逃れられない関係になって、そこで初めて何かが見いだされるといった話です。

ただ、まず一つ、濃いところ、近いところから、具体的な人間に出会ってそこから、という契機をあまり大きく見る必要はないのだろうと思います。どういうことでしょう。

たとえば、2016年に相模原市の施設で大量殺傷事件がありました。そんな行ないはよくないことを言うために、この人は、つまりこの障害者はこんなにちゃんと生きている、ということをたとえば親が語る。新聞が記事にし、テレビが映像を流すといったことがありました。立派に美しく生きている人たちがたくさんいることは事実ですから、もちろん、それを示してはならないということはないです。しかし、人の生命の尊厳を訴えるときに、そういうものを持ってくること、それをわりとするっと受け入れてしまうことに、私はいらっとすることがあります。テレビは映像を出さねばならない。だから、人を出し顔を出しというのは仕方がなくはあるのでしょう。近いところから、だんだんと知るということも大切であるかもしれません。けれども、そんなことがあってもなくても、だめなものはだめだ、大切なものは大切だとしたほうがよいということがあると思います。

これは第6章で、うまく関係を作れることが介助者を得られる条件になるのはおかしいと述べたこと（141頁）と関係しています。美しい話がこってりあったほうが説得力があるということはたしかにあるでしょうが、「話を盛ってるな」と思われて、かえって引かれてしまうこともあります。人間や人間関係の具体的なところとは別に、天から降ってきたものであるかのように道徳や倫理を語ることにも道理があるということです。

そしてもう一つ、現実を平凡で退屈な方向に持っていこうとしても、結局のところ、私たちはままならない身体を持って、思い通りにならない生を生きるのですから、摩擦は生じる、減らしていっても十分に残っている、波瀾万丈は起こってしまうと思うのです。

どうもこのごろ普通の事業所になってしまってつまらん、という嘆きはわからないではないですが、しかしそこには、実は、毎日、様々な事件が起こっています。そのことは、そこで働いたり働いてもらっている人たちが本当は一番よくわかっていることのはずです。とくにつらいこともなく、たんたんとことが運ぶ場合もありますが、実際、なんでこんなにこじれるのかわからないほど面倒なことが起こることもあります。あまりそんなことが起こらないようにしたほうがよい、と私は思います。どのようにしてもやっかいごとからは抜けられないのだから、問題のないように基本的にはしておけばよい、それでも必ず現れてくる不如意な部分で、そういうことを楽しみたい人は楽しめばよいと思います。

だから、まずはおおむね波瀾が起こりにくいものとして仕組みが確保されることはよいことだと、そのうえでも、いくらでも波風は立ち、その中には私たちが楽しめるものもある。だから、その方向で問題はない。それが答えになります。

安住できればそれにこしたことはない、が

関係して、「近頃の人たち」は制度の上に安住しておってけしからん、といったことを言う人たちがいます。自分たちはこんなに苦労してきたのに、と言うのです。言いたい気

持ちはわかりますが、基本的には間違っている、と敬老の精神に欠けた言葉を返すことになります。理由は簡単で、苦労したりせずに得られるべきものが得られるのはよいことだからです。ですから、その不平不満は年寄りの小言にすぎないと、いったんは冷たく言い放ってもよいのです。ただそれだけでもないです。

一つ、残念ながら、安住できるような状態ではないということです。暮らせるようになってしまうと、満足してしまうことはあるでしょう。そしてそれ自体は何も悪くないと言いました。しかし、足りない。具体的には介助者がいない。いるはずなのに、そこにお金をきちんと使わないために、暮らせない。それをどうにかすることは、残念ながらなかなかたいへんなことであって、現状にあぐらをかくどころの話ではないのです。

とすると、その状態を動かすための行動・活動に加わってもらう必要があるということです。私は残念なことだと思いますが、行動するべきことはずっとあるし、これからも続きます。それでも、どうしても気がすすまないという人に無理やり参加してもらったら、かえって盛り上がらないということにもなりますから、その人には抜けてもらってよい。全員である必要はないでしょう。しかしたくさんの人にわかってもらいたいし、そのためにこの本も書いているし、さらに、行動を、ということです。

そして、一つ、それは苦労ばかりのいやなことども限らないということです。このSNS社会において、人々はひそひそと、しかし相手に聞こえるように暴言を吐くことには慣れていたりしますが、それよりも、正面から堂々とものを言っていくほうが気持ちがよいということがあります。まっとうなことを言うのは、またまっとうなことを通すためにいろいろと考えたり、工夫したりすることは、一方では、面倒なことで、よけいな負担・仕事でもありますが、他方では楽しいことでもあります。

だから、「ものとり」と批判されることがあるけれども、ものをとることが大切で大変なことであって、仕方なくともそれを追求していくほかないだろう、それもめんどくさいばかりではない、元気が出ることもある、となります。

反優生のために取りに行く

けれども、批判になにかもっともに思えるところがあるとしたらそれはなぜでしょう。「もの」よりももっと大切なもの・ことがあるという感覚があります。それはまったくもっともです。たかが介助です。「ものとり」の人たちにしたって、もっと大切なもののための条件・基盤を求めているだけのことであって、ここには何の対立もありません。なにか問題が起こるとすれば、「ものを得て、魂を売った」的なことが起こる場合です。

では「魂」の部分とは何か。大雑把には、「優生思想反対」といったものでした。では優生思想に反対することとものをとることは別のことか。そんなことはありません。必要なものがないと、人を殺したくなったり自分が死にたくなったりします。そのようにして優生思想は実現します。だから両方を求めることは、一つのことです。たしかに、人手が足りないというのは社会運動の常なので、二つともをやっていくのはなかなかたいへんです。ただ私が脇にいて見てきたところでは、もう長く、二つは一緒に求められてきました。

さらに、「交渉の材料にされる」「とりこまれる」という話があります。その可能性はなくはありません。そしてたしかに、どういう態度・作戦をとるか、ときには難しいこともありえます。しかし、だからといって、あきらめるということにはなりません。とすると腹をくくり、利口になるしかないし、両方を求めて、片方を交渉材料にされないような体制・社会を求めようと言うしかありません。

それは不可能ではないと私は思います。たとえば、「世話＝介助が必要な人の数を減らそう、それと引き換えに、生きている人については生活をよくします」といったことを政治が言う、ということはありえます。しかし、その話のもとは、つまりは、介助が必要な人間を少なくしていこうということなのですから、そういう話には乗らないことにするということです。以下は、横塚晃一（124頁）の「優生保護法と私」（1972年）の、「自分は消される側ではないと思っている」人たちに向けて書かれた末尾の部分。

どんじりを抹殺したところで次から次へとどんじりは出来て来て、それはこの世に人間がたった一人になるまで続くでしょう。／私は、私自身を「不良な者」として抹殺したあとに、たとえどんなに「すばらしい社会」ができたとしても、それは消された私にとって知ったことではありません。（『母よ！殺すな　新版』132頁）

「たった一人になるまで続く」とは私は思いません。しかし、一番迷惑な人たちだけを除外しようとして、除外する。そうすると次の一番迷惑な人たちが出てきて、止まらず、それも除外する。そうして……、という話ですよ。そういう話には乗らない。乗らないほうがほとんどすべての人が気持ちよく生きていくにはよいということです。少し考えればわかります。だから、基本的に迷うことはない、そういうふうに自分たちの位置を定められる、定めてしまえば道を間違えることはない。そういうことです。

第９章

こんな時だから言う、
また言う

それでも亡くなった

原稿をだいたい終えたつもりになって、あとは仕上げの仕事を、と思っていた時、京都在住のALSの女性の嘱託殺人事件が昨年（2019年）11月にあったという報道が7月23日にありました。毎年、なにかが、ほとんどがよくないなにかが起こって、そのたびに、なにかを言ったり書いたりしてきました。取材を受けて、1時間半とか2時間とか頑張って話して、それが「命は大切にしましょうと言いました」と、これだと16字ですが、そんな具合に、肩書と名前を合わせた字数より少ない字数で、まとめられたりします。めげますが、それでも、毎度違う話をするわけでもないのに、なんでこんなに疲れるのだろうと思いながら、短いもの長いもの取り交ぜて、書いたり話したりしてきました。

30年以上変わらない私のメールアドレスはHPに公開してあるのですが、メディアの人はなぜかそういうことについては律儀で、大学の広報を通して連絡をくださったりします。その日は祝日で学校も休みの日でもあり、そういう経路の依頼などはありませんでした。メールで、新聞社の人3人から取材依頼がありました。同じ文面の返信をしました。

「電話はできない環境におります。コメントは以下。〈事件のことは聞いたばかりで、具体的なところにはコメントできない。現時点で一番懸念しているのは、一つ、SNSで支持をさっそく表明してしまう無思慮無責任な人々が現れているらしいこと、一つ、なにか倫理的に深い問題がここで示されているかのように報道してしまう報道機関が現れてしまうことだ。〉字数調整などには応じます。」これでさしあたりはすませました。

私は、小心者で、刺激的なものがきらいなので、報道も見たり読んだりはしませんでした。それでも、結局はいくらかは知ることになったり、話したりすることになりました。そして、何を言えばよいのかと思い、書いて、本書の終わりの章にしようと思いました。

その人は京都で一人で暮らし、重度訪問の制度で24時間の介助を得ていたようです。だから、介助の人手もなく絶望して、とは単純に言えないということです。本書に出てきたCILの一つスリーピース（102頁）も、その人の一人暮らしの初期にはヘルパーを派遣したことがあるようです。そして、昨年には約20もの事業所からの派遣がなされていたということです。これは非常に多いです。そして多くの場合、介助者は日中だけでも何人かとか、短い時間で交代していたようです。これはたいへんしんどい状況です。

本書に出てきた杉江さん（89頁）がそういう人でしたが、ALSの人には介助者にきつく当たる人がいます。ただ指示が細かいとか、指図の通りにならないので注意するということではないように思います。いや、そんな細かな具体的な不満が高じてということもあるでしょうが、暴言を吐く、辞めさせるといったことがありました。自分で辞めていった人もいます。暴言を吐くとは強い言葉ですが、そう言ってよいだろうと思うことがありました。辞めていった人たちについても、多くの場合、私はもっともだと思いました。

そんなことで、杉江さんと介助者たちの間に入った人は、ほんとうに大変だったのです（38頁）が、そのおおいなる消耗のもとで、なんとかなりました。あれを、なんとかなったといったい言えるのだろうかと思うほどたいへんそうでしたが、彼はガンで亡くなるまで生きていました。映画を観るのが好きな人で、今でも、彼が住んでいた借家は彼を支援した事業所「ココペリ121」（61頁）が借りて使っているのですが、そこに彼の写真やらDVDが残されています。

他方で、ごく穏やかというか普通に暮らし、介助者たちとつつがなくやっているALSの人たちもいるので、その差は謎です。たしかに介助の上手下手はあるけれども、それだけでは説明できないように思います。ALSになって脳に変性が起こることがあるという説があるようですが、私たちはわからないことがあるとすぐに脳のせいにしてしまうので、そこは留保しておきます。ともかく、うまくいかないことが起こることがあります。

それがその人にも起こったようです。それでも介助は必須ではありますから、事業所を探し、探してもらって、とにかく応じてくれる事業者が入って、短い時間でつなぐ、次々と交代するということになったのだと思います。するとさらに悪循環が起こります。厳しい態度をとる、すると、人が離脱する、組織が引く。するとなんとか派遣に応じてくれる組織による細切れの派遣になる。たくさんの人が短い時間で交代する。これは厳しい。なかなかやっかいです。それ自体、負荷がかかります。消耗します。次の人が来るのを待っていたりしなければなりませんから、ちょっと半日外出、というわけにもいかないでしょう。さらに、最初は同性介助（101頁）だったようですが、途中からそれも困難になり、変更されたようです。それがどれだけその人の気持ちを変えたのかはわかりません。しかし辛いし、それがまわりに波及し、自分がさらに辛くなります。介助者との関係は、なにか愚痴を言うとか、泣き言を言うとか、そういうものではなくなり、介助者は常に横にいるけれども孤独になります。

他方でその人はネット上でのコミュニケーションは上手にできる人だったようで、オンラインでのやりとりは頻繁にしていたということです。一方に、生活のほとんど全部、ずっと同じに続く時間があり、自分も動かないからまわりも変わらない、そういう自分のまわりの空間があります。それに比して、死は目的となり、時間の後の終わりの点としてあり、そこまでの道のりがあり、道行きがあります。すると、その死への道行きは、いくらか舞台のように感じられることもあるでしょう。それは、ただ毎日なにごとも起こらない時空のなかで暮らしているより、華々しいできごとのように思われるかもしれません。そこに、死を積極的に支持する、請け負おう、実行しようと言う、調子のよい、積極的な人たちが現れます。少し心中ものの道行きのようにもなります。なかには死を公言する人がいます。米国などで、テレビなどのマスメディアに予告して、そして実際に死ぬといったできごとはこれまでいくつもありました。

つまらぬ言い訳せず逃げを打たず起こることを知る

とすると、どうするか。まず、おおまかに、どのような方向を向くかです。私のような死ぬのが怖いだけの単純な人間には無用ですが、多くの人はそうでもない。揺れる人は多い。どちらに転ぶかわからない。そんな時には、まずは生きる方向で行くというのがよかろうとなります。ここで人・社会は中立である必要はない、中立であるべきではない、と思いますし、そのことの理由の説明の必要もここではないとします。『ALS』（本書10・36頁）にこんなことを書いたことがあります。

私たちの社会では一方で、身近な、とくに善意もなにも必要とせず、むしろそれがうっとおしく感じられるような場面で、やさしさやふれあいが語られる。善意が押しつけがましく押しつけられ、それは問題にされない。他方で、生死に関わるような場面になると、本人の意志を尊重して云々と言う。周囲は口を出さないようにしようと言う。これは逆さではないか。（第4章6節「「中立」について」、143頁）

ただし、別の言い方もできなくはありません。あくまで「中立」がよいというのであれば、この社会は少しも中立ではないので、それを補正するのはよいことだろう、なのでそれをします、補正するからそれまで待っていてください、と言うのです。

今度亡くなった人のことを知っているわけではありませんから、その人について確かなことは私には言えません。ただ、ほとんどの場合に現れるものは、なにか深淵な「生か死か」といった話ではないのだろうと思います。身体の不快から発し、それをなんとか伝えたり、やりすごしたりするその経路がうまく働かなくなって、憤懣が身体にうっ積するようなことが起こる。そしてその手前には、「こんな身体」になってしまったという、たんに身体から発したものでない、今まで生きてきた世界・社会の価値のもとでの悲観があります。こんな時、なにかすっきりした道筋が示されるとそちらのほうが魅力的なものとなることはあるはずです。

昨年（2019年）6月、NHKスペシャルで「彼女は安楽死を選んだ」という番組がありました。「安楽死・尊厳死2019」で検索すると「生存学」のサイト内にある情報にアクセスできます。その番組をその人は見て、その死にはその影響があったと、主治医であった人は言っているようです。今度の人とそう年の違わない女性が、オランダの安楽死を実行する団体のところに行って死んだその過程を取材して報じた番組です。

それについて、日本自立生活センター＝JCIL（102・170頁）がNHKに質問状を送り、その回答があまりにあっさりと論点を外しているので、さらにNHKと放送倫理・番組向上機構（BPO）に質問状を送ったけれども、なしのつぶてということがありました。

自殺に向かわせるような報道をしてはならないという報道の世界の内規があってそれに

反していると思わないかというのが、この提起の一つの論点でした。それに対して、自殺だと言えるとは限らないといった回答がなされました。安楽死、尊厳死、自殺ほう助、嘱託殺人、各々の区別はときには必要で、大切なこともあります。少し嫌味なことを加えると、そうして区別していると言う人ほど、言葉の使い方がいいかげんで都合のよいように使うというのが私が経験してきたことですが、それは他で書いているので、よしておきます。はっきりしているのは、今回の京都のことにしても昨年のオランダのことにしても、人が死にたいと言って、それを他人が手伝ったということです。普通の人が自殺とするもののなかに、他人が手伝うものがあり、広い意味では安楽死がその行ない全般です。手伝いの仕方によって幾つかに分けられることもあり、「最後の、直接に」行なう行為を自分で行なう場合には幇助された自殺、他人が行なうと日本の法律用語では嘱託殺人となるようです。すると今回のできごとは嘱託殺人になるでしょうし、オランダでなされたことは自殺幇助、幇助された自殺と呼ばれるのでしょう。これらを、とくにオランダでのほうを自殺でないというのは、普通に間違っており、詭弁です。

私は障害学会という学会に関わっています。小心者の私は実はあの番組を見ていないのですが、その番組の中身とは別に、言論・議論を都合のよいように封じてはならないということは言えます。学問は言葉によって作られ、学会・学界は言葉のやりとりをする場であり、言葉や言葉のやりとりを大切だと考えている人たちの集まりですから、そういうことが起こった時には何かを言うべきだと思い、それで、NHKとBPOが質問状について回答するよう理事会として声明を出しました。しかしそのままにされています。

自殺ではないと言って打ち切るのは普通にだめです。言えるとすれば、一つ、自殺だが、それを推奨しているわけではない、といったところでしょう。番組を作った人は実際にそう思っているのかもしれません。しかし、それに対して批判・疑念が示されているのであり、それに答えていないのです。

言ったように、私は見ていないので中身についてはコメントしません。そして私には死にたい人たちの気持ちがわかりません。しかし、そんな私も、さきに記したような状態のもとにいて、死のほうに傾く人たちのことは知っています。今度の人は、オランダに行った人とそう年齢の違わない女性であり、人生の途中まで普通の、むしろ活動的な人生を送ってきて、海外での生活経験もあるという人のようです。私のような人は別として、多くの人が両方を思っています。そんな人が、片方の側に傾くことはあるでしょう。そしてそれを促したり止めたりするものの多くは、まったく形而下的な事情によるものだと思います。それを報道者が画像や文字によって、冷静に、捉えることはできるのに、追えなかった、追わなかった、ということだと思います。そしてそのように考えることができるのに、まったくその手前で、そのような提起を聞かないことにしてしまった。これはとてもよくない、だめだと思います。

このことについても短い本が要るだろうか

では、どう考えるか。私が書いてきたものの書名だけ、あとで紹介しますが、まず思うのは、よくもまあ即座に、いいだのわるいだの言えるものだということです。瞬時の反応としてなにか思うことはあったりするでしょう。しかしそれを、石原慎太郎のツイートへの「いいね」なども含めてですが、表明してしまうためらいのなさが不可解、というよりだめだろうと。

たとえば、2019年のほうはよくて、2020年のほうは犯罪だとなるのかということです。今度の京都の人のことについては、医師を自称する人が本当に医師だったのか、とか、100万円以上の金を受け取ったとか、「狂信的」なことを連呼するブログその他をやっていたとか、怪しげな事実がいろいろと明らかになりつつあって、そういうスキャンダラスな事件として扱われつつあるようです。ただ、オランダに行った人もたくさんお金はかかったでしょう。そしてやはりオランダの団体も、強い信念に基づいて活動はしているわけです。NHKの番組について肯定的なことを言い、そして今度のは殺人事件だとするなら、なぜそうなるのか、比べたらそう違わないかもしれない、と思うというところに思い至っていないのだろうと思います。

そして、今回のような乱暴なことが起こると、「きちんとした決まり」を作ろうという話になることがあります。それもわからないではありません。しかし、私はこのかん示されてきた尊厳死法案を幾度も点検してきましたが、それらは決してきちんとしたものではありませんでした。そしてそこには、たんなる稚拙さ、技術的な困難さ以上のものがあります。きちんとした形で認められるならよいという人も、その先を考えずに言っていると思います。

私は、ずっと、死を助けることを認める決まりを作ることに反対してきました。ただもちろん、自殺を助けることがだめだという主張に弱いところがあることはわかっています。実際には、私たちは、自殺を認めています。是認はしないとしても、実際には人は死ぬための行為ができるので、死ねるのです。しかし、身体が動かず、自力で死ぬことができないという人がいます。全般的には、事実上認めているものを、身体が動かない人には認めないというのはおかしくはないかということです。

ごく簡単に言います。嘱託殺人・自殺幇助を法が犯罪とし、罰することには合理性があります。その規定を廃止することはしないとしましょう。とすると、一方で死ねる人がいて他方に死ねない人がいるというのはよくないではないかとなる、でしょうか。しかし、死を幇助することは、自殺できる人が実際に自殺できるように、事実、可能です。どうしても手伝おうというのなら、捕まることをわかって行ない、捕まればよいと私は考えます。

ずいぶん乱暴な話だと思われるでしょうが、一貫はしています。死を助けることが常に倫理的に間違っていると、私は考えません。しかし法の水準では、それは犯罪とし、罰したほうがよい。そういうことです。

乱暴でない話は本でしています。四つもあります。『良い死』（2008、筑摩書房）、『唯の生』（2009、筑摩書房、現在はテキストファイルで提供）、『生死の語り行い・1――尊厳死法案・抵抗・生命倫理学』（有馬斉との共著、2012、生活書院）、そして自家製電子書籍として『生死の語り行い・2――私の良い死を見つめる本 etc.』（2017）。

私の最初の単著は『私的所有論』ですが、それが出た後で最初に書いた依頼原稿は、安楽死についてのものでした。当初は出生前診断についてという依頼でしたが、この主題に変えてくださいとお願いしました。これとインタビュー一つ、が２０００年に出て今は増補新版になっている『弱くある自由へ』（２０２０、青土社）に入っています。そして、２００４年のあたりに法制化の動きがあって、それにいろいろと言わねばならなかったこともあって、２００２年から２００６年にかけて『文藝春秋』『東京新聞』『中日新聞』『聖教新聞』『朝日新聞』に載った四つの短文が『希望について』（２００６、青土社）に収録されています。たとえば、その一つ「ただいきるだけではいけないはよくない」には次のようなことを書いています。

迷惑をかけないことは立派なことではあるだろう。だがこの教えは反対の事態を必然的に招く。それを他の人に要求するなら、周囲に負担をかけるようなことをお前はするなということになる。その分周囲は、他者に配慮するはずだったのに、負担を逃れられ楽になってしまう。自らの価値だったはずのものを自らが裏切ってしまう。

犠牲という行ないにも同じことが言える。誰かのために犠牲になることは立派なことだ。だが、その人に犠牲になることを教えるのは、その人の存在を否定することになり、その価値自体を裏切る。そして犠牲になることを教える側はそのまま居残るのだから、ずいぶん都合のよいことだ。

その後、2008年から4冊の本を作ったことになります。そして、もういいやと思いつつ、毎年なにかが起こってそのたびになにか書くことになります。同じことを繰り返しているのに、毎度なんでこんなに疲れるのだろうと思います。そして、仕方なく長くなってしまうことはあるので、できれば、長いものを、長いものも、読んでください。ただ、このテーマについても、やはり本書のような短くて値段の安いものを用意せねばならないのかとも思います。

岩波新書では『医療の倫理』(星野一正、1991)がありますが、ずいぶん前の本だし、内容的にも評価できないところが私にはあります。その後、だんだんと現在に近づくと、他の種々の新書として現れた薄くて値段の安い本には、早めにさっぱり死んでしまうことをよしとしその流れに寄与しそうなものがかなりの数あります。四つめの本『生死の語り行い・2――私の良い死を見つめる本 etc.』という電子書籍で、新書を24冊紹介しています。まともに考えると長くならざるをえない話をはしょって、あえてタブーを破るという紋切型から入る、紋切型なんですから、全然タブーを破ったりなんかしていないんですが、言いたいことを言い、気軽に買えてさっと読める本で伝えるという仕掛けの本が増えてきたということでしょう。

そうしたなかで、岩波ブックレットで安藤泰至《やすのり》『安楽死・尊厳死を語る前に知っておきたいこと』(2019)が、松田純『安楽死・尊厳死の現在——最終段階の医療と自己決定』(2018)が中公新書で刊行され、ようやく冷静な論を読めるようになったというところです。それでよいかなと思ってきたのですが、ただ「医療倫理」も「生命倫理」もだいぶ広いですから、優生思想(eugenics)と安楽死(euthanasia)について、ぐらいでしょうか、私も書いたほうがよいのかもと、つい最近、思ったところです。

本書に書いたことから言えること

そういう正面からの話はそちらに委ねるとして、本書に書いたその範囲では何が言えるかです。もう既にこの章の冒頭から記してきたことでおわかりと思います。生か死というその手前でその生活がどうだったか、それはこのたびこうなったけれども、どうにもならなかったのではないだろうということです。

幾度も出てきた杉江さん（37・89・214頁）は、死にたいとは言っていたようです。しかし、その彼の日常の怒りも含めて、その方向に本気で向かう感じはまったくしませんでした。もう一人、事件が報じられる直前、結局私は会えなかった人のことを少し記しておきます。彼は、コロナ下の病院が教えてくれないので生死を確認できない人、しかしたぶんもう亡くなっただろう人です。彼は死にたいことをより明確に語りました。その人と私は一度しか会ったことがありません。私たちの研究所が2019年の3月に企画した安楽死についてのシンポジウムで、その終わり近くに挙手して安楽死をしたい旨の発言をしました。その意見に対する賛否という以前に、言うことの辻褄があってないので私はそのことを指摘したかすかな記憶があります。その人は、一方で、プラス・マイナスの両方についての情報を提供されたうえで――と主治医は言いました――複数の医師の前で、人工呼吸器の装着をしないと意思表示しており、記録されているので、主治医はそれを採用するとのことでした。ただ、その同じ人は、退院後の暮らしについての打ち合わせを別の支援者たちと進めており、その相談、そのおりの意思表示は、死のうという意思表示の後でしたが、医師たちに示した意思が優先されると主治医は言い、それ以上はどうにもなりませんでした。私が支援者と主治医とのやりとりにつきあった7月のその日は、「地域移行」の相談のたった4日後でしたが、本人は既に、自発呼吸が弱くなることによる血中二酸化炭素濃度の上昇とモルヒネの類の注入によって意識のない状態で、感染の危険があるので面会もできないということでした。

ここから得られる直接の教訓は、まず、もし死にたくない気持ちもあるのだったら、死にたいという方向の意向を反映し実施できる人に「正式に」言うのはよしたほうがよかろうということですが、昨年秋に亡くなった人のことに戻ります。

いくつかよくない条件があったらしいことはさきに言いました。まず、必要な時間の介助が得られることは、暮らす時の必要条件ではあるということ、しかしそれだけでうまくいくとは限らないということです。一つに、それの時間・空間が実際にどのように構成されるかです。人が少なくなることによって、介助の時間が短時間のモザイク状になってしまうと、辛くなります。それでもどんどん喧嘩したり断ってしまうその人がいて、どうにもならない。しかしそれでも、これでもかと人をあてることができれば、当座、少しましになります。

一つに、第4章で調整する仕事について話しましたが（108頁）、調整という言葉から感じられるよりもっとハードな仕事が要り、担う人が要ります。言いましたように、身体の方面の介助をするその同じ人が、よもやまとしたあるいは深刻な話をする相手となったり、これからのことを相談して手配したりしてわるいわけではありません。しかし、一つに、関係がぐちゃぐちゃになってしまっている時、一方の当事者が双方の間に割って入る役割を果たすことはできません。また、本人と複数の介助者たち、場合によっては複数の事業所との間をとりもつのも別途の仕事になるでしょう。第7章で、「相談支援」がうまくいっていないこと、しかしそれをもっとまともにすることは可能であり必要であることを言いました（180頁）。それを実際に行なうこと、そしてそれにお金をかけることです。かつての杉江さんの時には、それは無償の仕事としてなされていました。また、古込さんの退院の時には、各組織の仕事の「あがり」でなされました（181頁）。それにはそうなってしまった事情があるのですが、よくはない。ときに厄介で手間のかかるこの仕事に対して、まずは仕事の時間に応じて、税金から報酬を出すことです。それが実現しても、どこまでできるかはわかりません。これを行なえばなんでも解決なんていうことは、ありはしないのです。しかし簡単にできることもあります。そして、人の生き死には、多くこういうところで決まってくるのです。介助の金をとってくる、人を募集し採用することと、「優生思想」に抗することは、ぜんぜん別のことではないと言いましたけれど

（209頁）、それはこういうことなのです。

昨年のできごとに直接に関係することは以上です。以下、安楽死だの、嘱託殺人そのものについてというより、こんな事件が起こると、いや起こらなくとも、人々がそこらで語ったり、書いたりしてしまったことについて、注意書きのようなものを書きます。

確認1・「ああなったら私なら死ぬ」は普通は誹謗だ

「私も」、あるいは「私は」、「ああなったら死ぬと思う」と言う。そしてこのことは、他人のことではなく自分のことなのだから、そして悪意のない自分の思いであり、言ってもよいと言ったりします。思ったりします。

しかし、まずそれは、たいがいの人が最も大切にしている自分の命よりも「あの状態になる」ことのほうが重いものだと、生命をなくすことのマイナスよりさらに大きいマイナスだと言っています。もし「自分が〇〇になったら」「〇〇だったら」、「私は死ぬ」と言う。それは「私のこと」なので「他人を傷つけているわけではない」と言えるかです。言えないですよ。すくなくとも、〇〇の状態であることは、死ぬほどいやだと言っているわけです。〇〇には、「黄色人種」でもなんでも、何を入れてもかまいません。これは非常に強い否定です。そしてそれを公言することは、その強い否定を人々に伝えることです。

　そして次に、そのように語る人のほとんどは、今は「ああなって」いない人であり、当面あるいはずっと、「ああなる」可能性は低い。「ああなる」ことも、だからそのために死ぬこともないのです。だから、死を賭しての発言、のように一瞬思えたとして、そんなことは実際にはないのです。「黄色人種」でない人がその人種になる可能性はまったくないですから、これは純然たる侮蔑・差別ですが、ここではそれほどではないにしても、やはり、ほとんど、今は私のことでない状態を否定しているのです。

　そしてさらに、「ああなったら」の状態を、ほとんどの場合、その私は経験してはいません。外から見たり、あるいは見ることもなく想像して、あるいは想像もせず、言っているのです。本人はさほど辛くないかもしれません。辛いかもしれません。辛いところを頑張っているかもしれません。それを飛ばし、無視し、あるいは否定して、「私なら」と言っているのです。

　さらに、本当に自分のことでしかないということであるなら、なぜわざわざ、他人に伝わるように「つぶやく」のかということです。自分ならそうする、と思うことがあるかもしれないし、そんなふうに思うことをやめなさいとはなかなか言い難い。しかし、それを、他人たちに伝えるために、とまでは言わないとしても、〇〇である人たちも含む人々に伝わることがわかっている場で言う。これはたいがいの場合には「ヘイトクライム」と言ってよい行ないです。

確認2・なんであなたは威張っていられるのか不思議だ

どうしてマイナスと言えるのかがわからない、そして自分が引き受けることのない属性・性質を持ち出して、人を否定するのは、普通の、ただの差別です。さらに死ぬほどマイナス、生きていられないほどマイナスだと言うとしたら、最も強力な差別です。ただ、障害や病の場合には少し事情が違っていると言われるかもしれません。実際に、死んでもよいほど、であるかどうかはさしあたりおくとしてもマイナスであるなら別だ、と言われるかもしれません。

ではどういうふうにマイナスなのか、ということになります。それは一つではない、だから、一つずつばらして考えないとだめだよね、というのが『不如意の身体』（2018、青土社）で書いたことです。やはり厚くて高い本ですが、ここで要約するとますます売れなくなるので、よしておきます。ただ、すくなくとも、ひとこと言えば済むような話ではありません。マイナスでなくプラスであるとか言いたいわけでもありません。一つひとつ、その本では五つあると言っていますが、少し考えれば当たり前のことを確認していこうと言っています。

しかしやっかいな問題は、いちいち考えない人考えたくない人が、そういう人たちに限って、ばくっと、曖昧で大げさな否定を言ってしまうということです。そこで、他の差別と同じく、挙証責任をそういうことを言ってしまう人に課すという手があります。こっちでわざわざあなたの言うことが間違っていることを具体的に証明などしない。あなた方が言い分の妥当性を証明できない限り、禁ずる、罰するといったことです。そしてあとは無視する。

ほぼそれでよいと私は思っています。ただ、それはそれとして、考えられることはいちおう考えておく、言えることはいちおう言っておくというのが私の仕事なんだろうと思っていて、地味な仕事をしています。しかしここではそのもとの「気分」を言います。

なんだか自分は障害者でなくて、普通で、まともだと思っている人たちがいるようです。心底そう思っているようでもあり、思っていることに気付かないようでもあります。よくまあそういうことを思うものだと、そしてわざわざ、誰にでも聞こえる場で、ようまあ

「つぶやく」なんていうことができるものだと、思います。

ただ、思うことにしている、そのことで自分がなにか上にいるように思うことにしようとしている感じがすることもあり、そうなるとちょっと可哀想な、憐れな感じもします。だからといって、そういう人に同情しようとは思いませんけどもね。そういうちょっと可哀想な人も、もっと素朴に信じている人も、まとめて何を言ったらよいのだろうと。

何を言えばいいんでしょう。まず一つ、言いたくなること、実際よく言われることがあります。「明日、事故にあって障害者になるかもしれないじゃないか」とか「年をとったら介助が要るようになるよ」といったことです。それはそれで間違いではないから、言ってもよいとは思います。政治哲学だとか難しそうなことを言っている学問にしても、簡単にまとめてしまえば、そういう筋立てになっているものがかなりの部分を占めます。人間、思いつくことはそうたくさんはないということです。ただ、言われた人は、「その時は考えを変えるかもしれないけど」的なことを言うかもしれない。たぶん、ほぼ確実に、実際「その時」は変えるはずですよ、そういう人に限ってね。しかしとりあえず水かけ論みたいになります。私はあまりこういう道筋でものを言いたくないと思います。

何を嫌い、何を恐れているのか。五つはあるとさきに言いました。その中の大きな一つが「できない」です。私はずっと、ほぼそのことだけについて、両手じゃ数えられない数の本を書いてきましたから、やはり長くなります。ここではその論理・理屈はちょっと脇に置いて、「気分」でものを言う人たちに対して、私の「気分」を言うことにします。

普通に、いつなんどきなるかもしれないという可能性としての連続性ではなく、それぞれできないことが様々な度合いで現にあります。そういう連続性があります。たしかに、自分よりもっとできない人、とても多くのことについてもっとできない人はいます。しかし、それでだめだとか、迷惑だとか言うその人たちについて、あんたは、どれだけできている気でいるんだと思います。どんなにあなたが元気にできる人であっても、あなた一人ができることなんて、たいしたことはない。そしてそういう様々を足し合わせ、全体として、だいたい生きていくのにまにあうなら、一人ひとりの度合いの異なりなど、「本来は」、どうでもよいことです。技術があり、機械があり、様々があって生産は成り立っています。そのなかであなた一人分の生産なんてたいしたことはない。なのに、あなたはなにをいばっているのか、「自分は消される側ではないと思っている」（210頁）あなたはそんなに立派で偉いのかよ、ということが一つ。

こちらのほうがもっと泥仕合的に思われるかもしれません。しかし、今言ったことに間違いはないと思います。そしてこれは、なにか人を馬鹿にしているようで、そんなことはなく、まったくよいことであり、明るいことです。できなくたってそうは困らないし、できると自分では思っているが（思いたがっている）が実はそうでもない人も困らない。他方、できてしまうことは、それはそれとしてよいことだ、どうぞできてくださいよろしく、ということになります。

確認3・「特別扱いするな」はさらに意味不明だ

もう一つ言われることは、「障害者を特別扱いはできない」というものです。やれやれ、こういうことについても、また、そしてまだ、言わねばならないのかと思ってしまいますが、言います。これは、さきのものとは逆向きで、「障害者」は不当に得をしているという話です。

これは「過度な待遇をすべきでない」ということですから、「適度な待遇」があるということが前提になっています。つまり、その人たちは正義を語ります。悪いことをしたいと、ただ悪口を言いたいのだと言ってもらったほうがまだよいと思うぐらいですが、そうではありません。正しいと思って言っているようなのです。その人たちは、「平等」という、大切だとされているものを大切にしていると言うかもしれません。では何の平等かということになります。

しかし、ここで文句を言われている側が何を求めているかといえば、せいぜい「人並み」といったところです。大雑把にはやはり「平等」と言ってよいかもしれません。そして、求めても得ようのないものが求められているわけでもありません。旅行に行くとか、そんなことです。

ただ平等と言っても、こまごまとしたことのすべてについて同じというのは難しいでしょうし、よいやり方でもないでしょう。『差異と平等』（青土社、本書143頁）に書いたのでややこしいことは省きますが、ここでお金というのはなかなか便利なものです。一定の所得を皆が得られるようにします。その所得のもとで、旅行が好きな人は他を節約して旅行に行く、そんなことに興味のない人は別のところに使う。それでよかろうということになります。

さて、この社会、つまり多数派用に作られてきた社会にあっては、同じ旅行をしたり、パチンコ屋に行ったりするのに、かかる手間が違います。その手間の違いの分の費用を、社会が別途出そうということです。そしてその一部が介助です。それだけです。不当な特別扱いとは少しもなりません。自分の力を使わない分だけ楽していることはあるでしょう。しかし、他方では、介助はたんたんとやってくれればよいと言っても、なにかしらの煩わしさや気苦労といったものはある。残念ながらそう楽ができているわけではありません。自分が普通の労力を使うのではできないことについて補うようにということなのだから、努力不足を言われるいわれもありません。なんか文句があるのか、です。まあ、ありません。さらに、まっとうな文句があるというなら、受け付けますが、そのうえでも、以上に間違いはありません。

理屈の通らない人はいつの世にもいるので、とにかく下手に出たり、情に訴えたりをせざるをえないことがあるのは認めます。ただ一つ、それは、上手な人にやってもらったらよく、私はそういう芸がないので、得意な人にお任せしようと思います。もう一つ、優しくしてあげるとさらにつけ上がる輩もいて、それは悔しく、よくないことだと思うので、私は別の側からものを言うことにしようと思っているのです。次の本は、どのようにへり下ったりせずに言うべきことを言うか、そんなことについて書ければと思います。

ちくま新書
1558

介助《かいじょ》の仕事《しごと》
――街《まち》で暮《く》らす／を支《ささ》える

二〇二一年三月一〇日 第一刷発行

著者 立岩真也（たていわ・しんや）
発行者 喜入冬子
発行所 株式会社 筑摩書房
東京都台東区蔵前二―五―三 郵便番号一一一―八七五五
電話番号〇三―五六八七―二六〇一（代表）
装幀者 間村俊一
印刷・製本 三松堂印刷 株式会社

ISBN978-4-480-07383-9 C0236

ちくま新書

659
現代の貧困
――ワーキングプア／ホームレス／生活保護
岩田正美
貧困は人々の人格も、家族も、希望も、やすやすと打ち砕く。この国で今、そうした貧困に苦しむのは「不利な人々」ばかりだ。なぜ？ 処方箋は？ をトータルに描く。

1195
「野党」論
――何のためにあるのか
吉田徹
野党は、民主主義をよりよくする上で不可欠のツールだ。そんな野党に多角的な光を当て、来るべき野党を、これからの対立軸を展望する。「賢い有権者」必読の書！

1241
不平等を考える
――政治理論入門
齋藤純一
格差の拡大がこの社会に致命的な分断をもたらしている。不平等の問題を克服するため、どのような制度を共有すべきか。現代を覆う困難にいどむ、政治思想の基本書。

1265
僕らの社会主義
國分功一郎
山崎亮
いま再びグランド・セオリーが必要とされているのではないか？ マルクス主義とは別の「あったかもしれない社会主義」の可能性について気鋭の論客が語り尽くす。

1422
教育格差
――階層・地域・学歴
松岡亮二
親の学歴や居住地域など「生まれ」によって、子どもの学歴・未来は大きく変わる。本書は、就学前から高校まで教育格差を緻密に検証し、採るべき対策を提案する。

1433
ソーシャルワーカー
――「身近」を革命する人たち
井手英策／柏木一惠
加藤忠相／中島康晴
悲惨に立ち向かい、身近な社会を変革するソーシャルワーカー。人を雑に扱う社会から決別し、死ぬまで人間らしく生きられる社会へ向けて提言した入魂の書！

1489
障害者差別を問いなおす
荒井裕樹
「差別はいけない」。でも、なぜ「いけない」のかを言葉にする時、そこには独特の難しさがある。その理由を探るため差別されてきた人々の声を拾い上げる一冊。